Basiswissen Sozialwirtschaft und Sozialmanagement

Herausgegeben von
K. Grunwald, Stuttgart, Deutschland
L. Kolhoff, Wolfenbüttel, Deutschland

Die Lehrbuchreihe „Basiswissen Sozialwirtschaft und Sozialmanagement" dient dazu, zentrale Inhalte zum Themenfeld Sozialwirtschaft und Sozialmanagement in verständlicher, didaktisch sorgfältig aufbereiteter und kompakter Form zu vermitteln. In sich abgeschlossene, thematisch fokussierte Lehrbücher stellen die verschiedenen Themen theoretisch fundiert und kritisch reflektiert dar. Vermittelt werden sowohl Grundlagen aus relevanten wissenschaftlichen (Teil-)Disziplinen als auch methodische Zugänge zu Herausforderungen der Sozialwirtschaft im Allgemeinen und sozialwirtschaftlicher Unternehmen im Besonderen. Die Bände richten sich an Studierende und Fachkräfte der Sozialen Arbeit, der Sozialwirtschaft und des Sozialmanagements. Sie sollen nicht nur in der Lehre (insbesondere der Vor- und Nachbereitung von Seminarveranstaltungen), sondern auch in der individuellen bzw. selbstständigen Beschäftigung mit relevanten sozialwirtschaftlichen Fragestellungen eine gute Unterstützung im Lernprozess von Studierenden sowie in der Weiterbildung von Fach- und Führungskräften bieten.

Herausgegeben von:
Klaus Grunwald
Duale Hochschule Baden-Württemberg
Stuttgart, Deutschland

Ludger Kolhoff
Ostfalia Hochschule für angewandte Wissenschaften
- Hochschule Braunschweig/Wolfenbüttel
Wolfenbüttel, Deutschland

Ludger Kolhoff

Finanzierung der Sozialwirtschaft
Eine Einführung

2., überarbeitete und aktualisierte Auflage

Ludger Kolhoff
Ostfalia Hochschule für angewandte Wissenschaften
- Hochschule Braunschweig/Wolfenbüttel
Wolfenbüttel, Deutschland

Die 1. Auflage ist 2002 im ZIEL Verlag mit dem Titel „Finanzierung sozialer Einrichtungen und Dienste" erschienen.

Basiswissen Sozialwirtschaft und Sozialmanagement
ISBN 978-3-658-15409-7   ISBN 978-3-658-15410-3   (eBook)
DOI 10.1007/978-3-658-15410-3

Die Deutsche Nationalbibliothek verzeichnet diese Publikation in der Deutschen Nationalbibliografie; detaillierte bibliografische Daten sind im Internet über http://dnb.d-nb.de abrufbar.

Springer VS
© Springer Fachmedien Wiesbaden 2017
Das Werk einschließlich aller seiner Teile ist urheberrechtlich geschützt. Jede Verwertung, die nicht ausdrücklich vom Urheberrechtsgesetz zugelassen ist, bedarf der vorherigen Zustimmung des Verlags. Das gilt insbesondere für Vervielfältigungen, Bearbeitungen, Übersetzungen, Mikroverfilmungen und die Einspeicherung und Verarbeitung in elektronischen Systemen.
Die Wiedergabe von Gebrauchsnamen, Handelsnamen, Warenbezeichnungen usw. in diesem Werk berechtigt auch ohne besondere Kennzeichnung nicht zu der Annahme, dass solche Namen im Sinne der Warenzeichen- und Markenschutz-Gesetzgebung als frei zu betrachten wären und daher von jedermann benutzt werden dürften.
Der Verlag, die Autoren und die Herausgeber gehen davon aus, dass die Angaben und Informationen in diesem Werk zum Zeitpunkt der Veröffentlichung vollständig und korrekt sind. Weder der Verlag noch die Autoren oder die Herausgeber übernehmen, ausdrücklich oder implizit, Gewähr für den Inhalt des Werkes, etwaige Fehler oder Äußerungen.

Lektorat: Stefanie Laux

Springer VS ist Teil von Springer Nature
Die eingetragene Gesellschaft ist Springer Fachmedien Wiesbaden GmbH
Die Anschrift der Gesellschaft ist: Abraham-Lincoln-Str. 46, 65189 Wiesbaden, Germany

Inhalt

1 Einleitung 1

2 Grundstrukturen und Beschreibungsdimensionen 3
   2.1 Sozialrechtliches Dreiecksverhältnis (Kostenträger – Leistungserbringer – Leistungsempfänger) 5
   2.2 Einkaufsmodell 7
      2.2.1 Pflegegeld 7
      2.2.2 Persönliches Budget 8
      2.2.3 Gutscheine 9
      2.2.4 Leistungsarten (persönliche Hilfe, Geldleistungen, Sachleistungen) 10
   2.3 Pflichtleistungen und freiwillige Leistungen 10

3 Grundstrukturen der Finanzierung sozialer Organisationen in einzelnen Sozialgesetzen, im Betreuungsrecht und in den Europäischen Strukturfonds 13
   3.1 Arbeitsförderung SGB III (Soziale Vorsorge) 17
      3.1.1 Leistungen 17
      3.1.2 Abschluss von Vereinbarungen 24
   3.2 Gesetzliche Krankenversicherung SGB V (Soziale Vorsorge) 26
   3.3 Soziale Pflegeversicherung SGB XI (Soziale Vorsorge) 27
      3.3.1 Leistungen 28
      3.3.2 Abschluss von Vereinbarungen 33
   3.4 Sozialhilfe SGB XII (Soziale Hilfe) 34
      3.4.1 Leistungen 35
      3.4.2 Abschluss von Vereinbarungen 40
   3.5 Grundsicherung für Arbeitsuchende SGB II (Soziale Hilfe) 42
      3.5.1 Leistungen 43

		3.5.2	Abschluss von Vereinbarungen	46

3.6 Kinder- und Jugendhilfe SGB VIII (Soziale Hilfe) 46
    3.6.1 Leistungen 46
    3.6.2 Abschluss von Vereinbarungen 49
3.7 Betreuungsrecht 51
    3.7.1 Voraussetzungen einer Betreuung 52
    3.7.2 Berufsbetreuer/-vormünder 52
    3.7.3 Aufwendungsersatz 53
    3.7.4 Vergütung 53
    3.7.5 Stundenansatz 53
3.8 Finanzierung durch die europäischen Strukturfonds 54
    3.8.1 Europäischer Sozialfonds (ESF) 57
    3.8.2 Europäischer Fonds für regionale Entwicklung (EFRE) 63
3.9 Resümee 66

4 Direkte und indirekte Finanzierungen 67
4.1 Direkte Finanzierung (Zuschüsse) 68
    4.1.1 Finanzierungsarten 76
    4.1.2 Kalkulation 78
    4.1.3 Zuwendungsvergabe 80
    4.1.4 Zuwendungsverträge 87
    4.1.5 Leistungsverträge 88
4.2 Indirekte Finanzierung (Leistungsentgelte) 90
    4.2.1 Grundprinzipien 91
    4.2.2 Formen von Leistungsentgelten 96

5 Sponsoring und Fundraising als Mittel der Eigenfinanzierung 99
5.1 Sponsoring 100
    5.1.1 Sponsoring in Form von Sach- und Dienstleistungen 101
    5.1.2 Unternehmen als Sponsoren 102
    5.1.3 Konstruktionselemente des Sponsorings 104
5.2 Fundraising 108
    5.2.1 Spenden 109
    5.2.2 Stiftungen 113
    5.2.3 Mitgliedsbeiträge, Lotterien, Sammlungen,
          Spielbankgewinne, Bußgelder 117

6 Schlussbetrachtung 119

7 Literaturempfehlung ... 121

Literaturverzeichnis ... 123

Anlagen ... 127
   Beispiel einer Leistungsvereinbarung ... 127
   Allgemeine Nebenbestimmungen für Zuwendungen zur institutionellen Förderung ... 136
   Allgemeine Nebenbestimmungen für Zuwendungen zur Projektförderung ... 143
   Einkommensteuergesetz (EStG) § 10b Steuerbegünstigte Zwecke ... 150
   Auszug aus der Abgabenordnung (AO) §§ 51 – 55 i. d. Fassung des Ehrenamtsstärkungsgesetzes ... 153

Über den Autor ... 159

Verzeichnis der Abbildungen und Tabellen

Abbildungen

Abb. 1.1	Einnahmen der Freien Wohlfahrtspflege	1
Abb. 2.1	Überblick über die indirekte Finanzierung	5
Abb. 2.2	Sozialrechtliches Dreiecksverhältnis	5
Abb. 2.3	Einkaufsmodell	7
Abb. 2.4	Preisunterschiede je Betreuungsstunde	8
Abb. 2.5	Gutscheinmodell	9
Abb. 3.1	Das Sozialbudget nach Sicherungszweigen im Jahr 2013	14
Abb. 3.2	Hauptbereiche des Sozialrechts	15
Abb. 3.3	Aktivierungs- und Vermittlungsgutschein	20
Abb. 3.4	Bildungsgutschein	22
Abb. 3.5	Ausschreibungsverfahren	25
Abb. 3.6	Pflegestufen	27
Abb. 3.7	Leistungsempfänger der Pflegeversicherung nach Pflegestufen	28
Abb. 3.8	Pflege in Deutschland	29
Abb. 3.9	Ländervergleich Persönliches Budget	31
Abb. 3.10	Nettoausgaben der Sozialhilfe	36
Abb. 3.11	Hartz IV und der Arbeitsmarkt	42
Abb. 3.12	Kinderbetreuung unter drei Jahren im Jahr 2012	48
Abb. 3.13	Kernziele der Förderperiode 2014 – 2020	56
Abb. 3.14	Verteilung der Strukturfondsmittel auf den Bund und die Bundesländer	57
Abb. 3.15	Ziele des Europäischen Sozialfonds	58
Abb. 3.16	Stärker entwickelte- und Übergangsregionen	60
Abb. 3.17	ESF-Programme des Bundes	61
Abb. 3.18	ESF-Internetauftritt	62

Abb. 4.1	Formen der Finanzierung Sozialer Arbeit	68
Abb. 4.2	Das Zustandekommen eines Haushaltsplans	71
Abb. 4.3	Budget-Struktur	72
Abb. 4.4	Zuschussarten	73
Abb. 4.5	Kriterien der Projektabgrenzung	75
Abb. 4.6	Finanzierungsarten	76
Abb. 4.7	Vorschriften und Bestimmungen für öffentliche Zuwendungen	81
Abb. 4.8	Verfahrensablauf der Zuwendungsfinanzierung	87
Abb. 4.9	Zuwendungen versus Leistungsverträge	89
Abb. 4.10	Überblick über die indirekte Finanzierung	91
Abb. 4.11	Vereinbarungen im SGB XII	93
Abb. 4.12	Vereinbarungen im SGB VIII	95
Abb. 4.13	Formen von Leistungsentgelten	96
Abb. 5.1	Ziele des Sponsorings	103
Abb. 5.2	Ablauf eines Sponsoringvorhabens	107
Abb. 5.3	Altruja Fundraising-Studie 2014	109
Abb. 5.4	Spendenaufkommen in Deutschland	110
Abb. 5.5	DZI-Spendensiegel	111
Abb. 5.6	Anteil am Gesamtspendenvolumen	112
Abb. 5.7	Die größten gemeinnützigen Stiftungen privaten Rechts nach Kapital	114
Abb. 5.8	Die größten gemeinnützigen Stiftungen privaten Rechts nach Gesamtausgaben	115

Tabellen

Tab. 3.1	Gesetzlich geregelte soziale Sicherung	16
Tab. 3.2	Bildungs- und Teilhabeleistungen im Überblick	45
Tab. 5.1	Sponsoring-Kuchen	100

Abkürzungsverzeichnis

Abs.	Absatz
AEUV	Vertrag über die Arbeitsweise der Europäischen Union
Amtsbl.	Amtsblatt
APB	Arbeitsplatzbeschreibung
Art.	Artikel
BAFöG	Bundesausbildungsförderungsgesetz
BBJ	Verein zur Förderung kultureller und beruflicher Bildung von Jugendlichen und jungen Erwachsenen e. V.
BErzGG	Bundeserziehungsgeldgesetz
BGB	Bürgerliches Gesetzbuch
BHO	Bundeshaushaltsordnung
BtG	Betreuungsgesetz
BVerfG	Bundesverfassungsgericht
BVerfGE	Entscheidungssammlung des BVerfG
BVG	Bundesversorgungsgesetz
EFRE	Europäischer Fonds für regionale Entwicklung
EKD	Evangelische Kirche in Deutschland
ESF	Europäischer Sozialfonds
EU	Europäische Union
HGrG	Gesetz über die Grundsätze des Haushaltsrechts des Bundes und der Länder (Haushaltsgrundsätzegesetz)
KJR	Kreisjugendring
LHO	Landeshaushaltsordnung
NJW	Neue Juristische Wochenschrift
OEG	Opferentschädigungsgesetz
OVG	Oberverwaltungsgericht
SGB II	Sozialgesetzbuch, Zweites Buch - Grundsicherung für Arbeitssuchende
SGB III	Sozialgesetzbuch, Drittes Buch – Arbeitsförderung

SGB V	Sozialgesetzbuch, Fünftes Buch – Gesetzliche Krankenversicherung
SGB VIII	Sozialgesetzbuch, Achtes Buch – Kinder- und Jugendhilfe
SGB IX	Sozialgesetzbuch, Neuntes Buch – Rehabilitation und Teilhabe behinderter Menschen
SGB XI	Sozialgesetzbuch, Elftes Buch – Soziale Pflegeversicherung
SGB XII	Sozialgesetzbuch, Zwölftes Buch – Sozialhilfe
StrRehaG	Strafrechtliches Rehabilitierungsgesetz
UhVG	Unterhaltsvorschussgesetz
VGG	Vormünder- und Betreuervergütungsgesetz
VOL	Verdingungsordnung für Leistungen
WoGG	Wohngeldgesetz

Einleitung 1

Soziale Arbeit wird in der Bundesrepublik Deutschland vorwiegend durch freie, privatrechtlich organisierte Träger durchgeführt. Doch für die von ihnen erbrachten sozialen Dienstleistungen sind diese auf eine öffentliche Finanzierung angewiesen, weil es nur in seltenen Fällen möglich ist, soziale Dienstleistungen auf dem freien Markt zu verkaufen.

Die öffentlichen Haushalte und die sozialen Sicherungssysteme sind die wichtigsten Finanzierungsquellen der Wohlfahrtspflege, denn 69 % der Mittel, die zur Verfügung gestellt werden, stammen aus Leistungsentgelten und 14 % aus öffentlichen Zuwendungen (Institut der deutschen Wirtschaft 2004, 29).

Abb. 1.1 Einnahmen der Freien Wohlfahrtspflege (Institut der deutschen Wirtschaft 2004, 29)

Die Finanzierung durch die öffentliche Hand wird durch Gesetze oftmals sehr detailliert festgelegt. Auf Grund der zunehmenden sozialen Probleme und Problemlagen, bei gleichzeitiger Begrenzung der zur Verfügung stehenden Ressourcen, sind auch marktorientierte Finanzierungsformen eingeführt worden. So werden Leistungen öffentlich ausgeschrieben. Der kostengünstigste Anbieter bekommt den Zuschlag.

Die Grundstrukturen der Finanzierung durch die öffentliche Hand sind erweitert worden und in einzelnen Sozialgesetzen werden teilweise gegensätzliche Ansätze festgelegt, die immer schnelleren Veränderungsprozessen unterworfen sind. Der folgende Einblick in die Grundstrukturen der Finanzierung durch die öffentliche Hand ersetzt daher nicht die aktuelle Auseinandersetzung mit dem Sozialgesetzbuch, den entsprechenden Landesgesetzen, Durchführungsverordnungen, Erlassen und Richtlinien.

Grundstrukturen und Beschreibungsdimensionen 2

> **Zusammenfassung**
>
> Dieses Kapitel umfasst die Grundstrukturen und Beschreibungsdimensionen der Finanzierung sozialwirtschaftlicher Organisationen. Es wird differenziert auf die Besonderheiten der Finanzierung auf der Grundlage des sozialrechtlichen Dreieckverhältnisses eingegangen. Außerdem soll hier das Einkaufsmodell als neuartige Finanzierungsform und die Leistungserbringung der Kommunen anhand freiwilliger Leistungen und Pflichtleistungen dargestellt werden. Dieses Kapitel behandelt folgende Themen:
>
> - Das Sozialrechtliche Dreiecksverhältnis
> - Das Pflegegeld
> - Das Persönliche Budget
> - Das Gutscheinmodell
> - Freiwillige und Pflichtleistungen

Einrichtungen und Dienste der Sozialwirtschaft finanzieren sich i. d. R. durch die Inanspruchnahme von öffentlichen Mitteln, welche in zwei Varianten erfolgen kann:

Durch die **Subjekt- (indirekte) Finanzierung** werden die Kosten im gesamten Umfang gedeckt. Anspruchsberechtigt sind nicht die freien Träger, sondern anspruchsberechtige Personen (Subjekte), die Klienten (Leistungsempfänger) der Einrichtung. Die indirekte Finanzierung kann auf der Grundlage von Leistungsentgelten erfolgen. Diese kann als Geldleistung z. B. im Rahmen eines persönlichen Budgets über das der Leistungsempfänger frei entscheiden darf oder durch am Bedarf orientierte personenzentrierte Entgeltsysteme erfolgen.

> Unter Subjekt- (indirekte) Finanzierung versteht man die Finanzierung über die Konsumenten sozialer Dienstleistungen.
>
> Über öffentliche **Zuwendungen** von Bund und Ländern oder der EU oder als **Subventionen** durch Gemeinden und Landkreise können Einrichtungen (**Objekte**) der Sozialwirtschaft auch **direkt finanziert** werden.
>
> Unter Objekt- (direkte) Finanzierung wird die Förderung von Leistungsangeboten der Sozialwirtschaft aus öffentlichen Mitteln durch Zuwendungen von Bund, Ländern oder der EU bzw. von Gemeinden und Landkreisen verstanden.

Die **direkte Bezuschussung** kann:

- einmalig als **Projektfinanzierung** oder
- über einen längeren Zeitraum bzw. dauerhaft als **institutionelle Förderung** erfolgen.

Einrichtungen und Dienste der Sozialwirtschaft erbringen Leistungen und werden deshalb als **Leistungsträger** bezeichnet. Da diese Leistungen von den Leistungsempfängern nur in Ausnahmefällen (z. B. in „Seniorenresidenzen") bezahlt werden können, sind soziale Leistungen selten marktfähig. Die Kosten müssen deshalb von öffentlichen Trägern übernommen werden (Kostenträger). Das sind entweder Sozialversicherungsträger oder aber Landkreise oder Städte, vertreten durch die jeweils sachlich zuständigen Ämter (z. B. im Bereich der Jugendarbeit die Jugendämter). Doch die Kosten werden nur in seltenen Fällen direkt von den Kostenträgern erstattet (direkte Bezuschussung), denn aufgrund sozialrechtlicher Bestimmungen sind in der Regel nicht die Träger, sondern die **Leistungsempfänger** anspruchsberechtigt (indirekte Vollfinanzierung), sodass Mittel im **Rahmen des sozialrechtlichen Dreiecksverhältnisses,** aber auch in Form von Gutscheinen oder als Geldleistungen, über die der Leistungsempfänger frei entscheiden darf (**Einkaufsmodell**), zur Verfügung gestellt werden können.

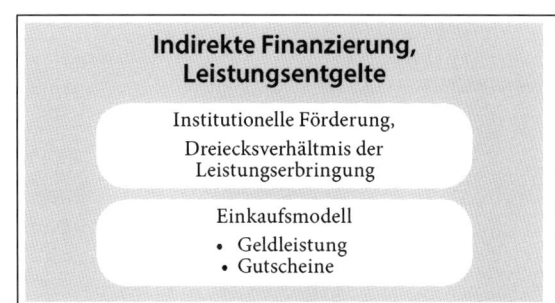

Abb. 2.1 Überblick über die indirekte Finanzierung (eigene Darstellung)

2.1 Sozialrechtliches Dreiecksverhältnis (Kostenträger – Leistungserbringer – Leistungsempfänger)

Das Verhältnis zwischen Leistungserbringer, Leistungsempfänger und Kostenträger kann als Dreiecksverhältnis der Leistungserbringung wie folgt gestaltet werden:

> Der Rat- und Hilfesuchende begehrt die Leistung, der Kostenträger gewährt sie und die soziale Einrichtung bzw. der soziale Dienst erbringt sie.

Die folgende Grafik verdeutlicht die rechtlichen Beziehungen zwischen dem Sozialleistungsträger (Kostenträger), der sozialen Einrichtung bzw. dem sozialen Dienst (Leistungserbringer) und dem Klienten (Leistungsempfänger):

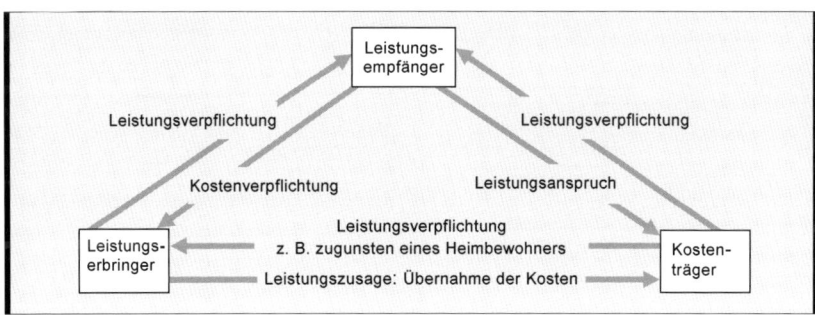

Abb. 2.2 Sozialrechtliches Dreiecksverhältnis (eigene Darstellung)

Es handelt sich um eine öffentlich-rechtliche Vertragsbeziehung zwischen Leistungsempfänger, Leistungserbringer und dem Kostenträger sowie um ein privatrechtliches Verhältnis zwischen dem Rat und Hilfesuchenden und dem Leistungserbringer (soziale Einrichtung bzw. sozialer Dienst).

> Das **Verhältnis** von **Leistungsempfänger** und **Leistungserbringer** (soziale Einrichtung bzw. sozialer Dienst) ist **privatrechtlich** geregelt.

Es werden Verträge abgeschlossen, aus denen sich die Kostenverpflichtung des Leistungsempfängers ableitet.

Unter Umständen kann der Leistungsempfänger einen Anspruch auf Kostenerstattung aufgrund gesetzlicher Regelungen (z. B. SGB VIII) oder Versicherungsleistungen gegenüber einem Kostenträger geltend machen. Ist dies nicht der Fall, muss der Leistungsempfänger die Kosten selbst tragen. Der Leistungserbringer hat gegenüber dem Leistungsempfänger eine **Leistungsverpflichtung**. Die rechtlichen Beziehungen im Dreiecksverhältnis sind in Abbildung 2.2 dargestellt.

Wenn der Leistungsempfänger versichert ist (Kranken-, Unfall-, Pflegeversicherung etc.) oder einen – gesetzlichen – Anspruch auf Übernahme der Kosten hat (SGB VIII, SGB XII usw.), tritt der Kostenträger ein. Es entsteht das Dreiecksverhältnis.

> Zwischen dem **Leistungsempfänger** und dem **Kostenträger** besteht ein **öffentlich-rechtliches Vertragsverhältnis**.

Der Leistungsempfänger hat gegenüber dem Kostenträger einen Anspruch auf Leistung (festgelegter Leistungsanspruch) und der Kostenträger hat dem Leistungsempfänger gegenüber eine auf öffentlich-rechtlicher Grundlage beruhende Leistungsverpflichtung.

Anspruchsberechtigt für die Leistung des Kostenträgers ist nicht die Einrichtung, sondern der Leistungsempfänger, der gegenüber dem Kostenträger Ansprüche geltend macht und Kosten ersetzt bekommt.

> Aufgrund dieser Ansprüche entsteht zwischen **Kostenträger** und **Leistungserbringer** ein öffentlich-rechtliches Verhältnis, das zu einer Leistungsverpflichtung der Einrichtung aufgrund einer Leistungszusage (Übernahme der Kosten) des Kostenträgers führt.

2.2 Einkaufsmodell

Durch das Dreiecksverhältnis der Leistungserbringung werden Sachleistungen finanziert, doch in einigen Bereichen der Sozialwirtschaft, so in der Pflege (§ 37 SGB XI) oder in der Behindertenhilfe (§§ 10 und 17 SGB IX), können Anspruchsberechtigte statt einer Sach- eine Geldleistung wählen, mit der sie soziale Dienstleistungen am Sozialmarkt frei einkaufen können. (Das Gutscheinmodell ist eine Sonderform des Einkaufsmodells. Das Modell wird z. B. im SGB III, im SGB XIII und im SGB II umgesetzt.) Das folgende Schaubild verdeutlicht das Einkaufsmodell.

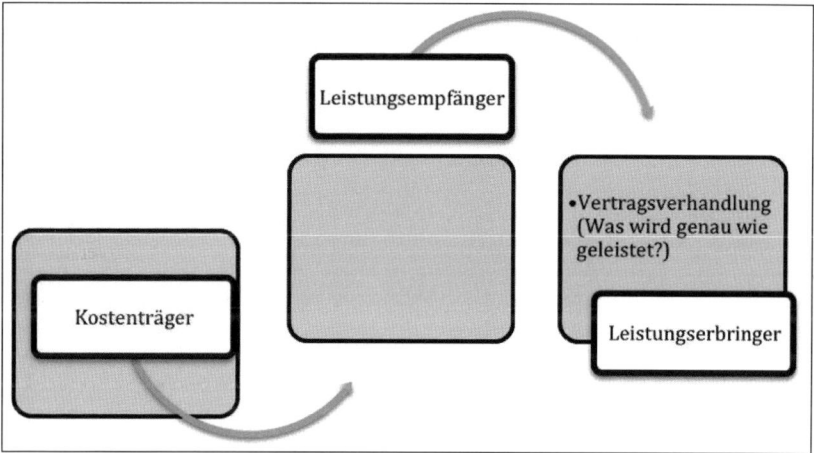

Abb. 2.3 Einkaufsmodell (eigene Darstellung)

2.2.1 Pflegegeld

Pflegebedürftige können statt Pflegesachleistungen ein **Pflegegeld** erhalten, wenn sie hiermit die erforderliche Grundpflege und hauswirtschaftliche Versorgung sicherstellen können. Die Pflegeversicherung sieht auch eine **Kombination von Pflegegeld und Sachleistungen** vor.

2.2.2 Persönliches Budget

Menschen mit Behinderung können anstelle von Sachleistungen über einen Geldbetrag für Teilhabeleistungen (Persönliches Budget) verfügen (§ 17 (2) SGB IX)[1]. Die Bestimmungen des SGB IX haben Auswirkungen auf die in Kap. 3 vorgestellten Leistungsgesetze. Wenn Menschen mit Behinderung Anspruch auf Teilhabeleistungen nach den einzelnen Leistungsgesetzen haben, so können diese auch in Form eines persönlichen Budgets erfolgen.

Durch das Persönliche Budget soll die Selbstbestimmung von Menschen mit Behinderung gestärkt werden. Sie sollen in die Lage versetzt werden, Angebote zu nutzen, die ihren individuellen Bedürfnissen entsprechen. Wenn sich Menschen mit Behinderung statt für die Sachleistung für das Persönliche Budget entscheiden, werden sie zu Käufern, Kunden und manchmal auch zu Arbeitgebern, das heißt, die Leistungserbringer stehen in keinem Vertragsverhältnis mehr zum Kostenträger, sondern nur noch zum Leistungsempfänger. Für den Teilbereich der Behindertenhilfe, der durch das Persönliche Budget gesteuert wird, bedeutet dies, dass Marktmechanismen greifen. Dies hat gravierende Auswirkungen auf

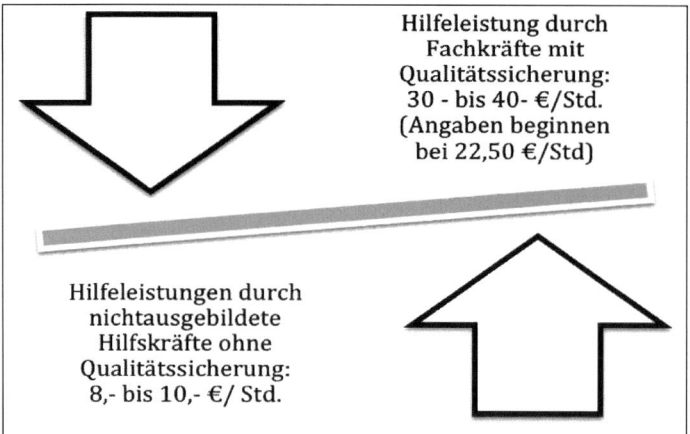

Abb. 2.4 Preisunterschiede je Betreuungsstunde (Schubert 2006, 178)

---

1 Es sind auch Kombinationen von Sachleistung und Persönlichem Budget möglich. Beispielsweise könnten als Sachleistung die Kosten für eine Teilhabe am Arbeitsleben in einer Werkstatt für Behinderte vom Kostenträger übernommen werden und ein Persönliches Budget für die Assistenz beim Wohnen eingerichtet werden.

die Leistungserbringer. So geht Schubert angesichts eines Blicks auf die Preisunterschiede je Betreuungsstunde, davon aus, dass viele Budgetnehmer „günstigere Hilfskräfte" einkaufen werden (Schubert 2006, 178).

2.2.3 Gutscheine

Gutscheine werden z. B. für Maßnahmen der Aktivierung und beruflichen Eingliederung, die berufliche Weiterbildung und für Bildungs- und Teilhabeleistungen für bedürftige Schülerinnen und Schüler ausgegeben. In Hamburg wird das Gutscheinmodell im Kita-Bereich angewandt. Eltern können Gutscheine bei einer Kita ihrer Wahl einreichen. Sie haben den Gutschein zuvor bei der zuständigen Behörde beantragt. Die Kita rechnet über den Gutschein mit dieser Behörde ab. Die Tageseinrichtungen bekommen von der Stadt nur für die tatsächlich betreuten Kinder Entgelte. Sie müssen deshalb mit ihrem Angebot flexibel auf die Anforderungen von Kindern und Eltern reagieren und mit hoher Qualität überzeugen.

Die folgende Grafik stellt den Ablauf des Einsatzes von Gutscheinen am Beispiel der Verwendung im Kita-Bereich dar. Die Eltern müssen demnach zunächst einen Antrag beim Jugendamt stellen, dieser wird mit den Steuerungsvorgaben des Senats und den Budgetvorgaben der Fachbehörde abgeglichen, woraufhin die Antragssteller bei Erfüllung der Antragsvoraussetzungen den Gutschein ausgehändigt

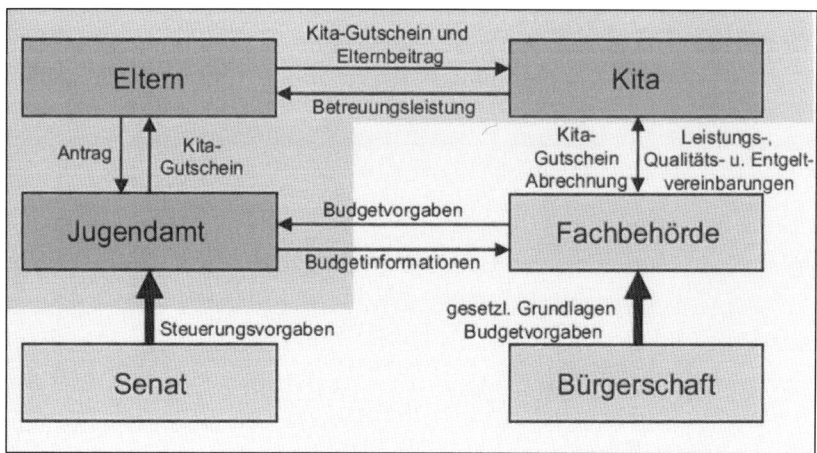

Abb. 2.5 Gutscheinmodell (Brinkmann 2010, 181)

bekommen. Diesen Gutschein können die Eltern dann bei einer Kita ihrer Wahl einlösen, welche wiederum den Gutschein an die zuständige Fachbehörde weiterleitet, um von dieser ihre Leistungen in Form eines Entgeltes erstattet zu bekommen.

2.2.4 Leistungsarten (persönliche Hilfe, Geldleistungen, Sachleistungen)

Die Leistungen können als persönliche Hilfe, die die Beratung miteinschließt, als Geld- oder als Sachleistung erfolgen. Hierbei ist zu unterscheiden, ob die Leistung dem Leistungsempfänger oder der sozialen Einrichtung bzw. dem sozialen Dienst zu Gute kommt.

Das Sachleistungsprinzip (Gewährung von Sachleistungen für Hilfeempfänger) gilt als sozialpolitischer Fortschritt. So sichert z. B. § 2 SGB V den Versicherten einen Anspruch auf Gesundheitsleistungen zu, die sie sich nicht selbst beschaffen müssen. (Die Krankenkassen müssen die Leistungen beschaffen und schließen deshalb Verträge mit den Leistungserbringern, Ärzten, Krankenhäusern, Reha-Einrichtungen etc.).

Wie im SGB XII wurde auch in der sozialen Pflegeversicherung von diesem Prinzip – aus Kostengründen – abgewichen. Es sieht neben den Pflegesachleistungen auch Geldleistungen vor (§ 37 SGB XI), bzw. Kombinationsleistungen (Geld- und Sachleistungen (§ 38 SGB XI). Die Geldleistungen umfassen nur 50 % der Pflegesachleistungen.

In jüngster Zeit wird von unterschiedlichen Seiten, ein prinzipieller Übergang von Sach- zu Geldleistungen für die Leistungsempfänger gefordert, um deren Wahlfreiheit zu stärken.

Soziale Einrichtungen und Dienste erbringen Sachleistungen für ihre Adressaten und sind hierfür auf Geldleistungen der Kostenträger angewiesen. Die praktische Bedeutung von Sachleistungen der Kostenträger für freie Träger (z. B. durch die Bereitstellung von Räumen) ist eher gering.

2.3 Pflichtleistungen und freiwillige Leistungen

Pflichtleistungen sind Leistungen, auf die ein Anspruch dem Grunde nach und teilweise auch der Höhe nach besteht.

Sie können als indirekte Finanzierung über die Klientel erfolgen, wenn ein Rechtsanspruch des Hilfeempfängers gegeben ist. Deutlich wird dies an Geset-

2.3 Pflichtleistungen und freiwillige Leistungen

zesformulierungen wie „muss" oder „ist". Pflichtleistungen können aber auch als direkte Finanzierung erfolgen, wenn sie gesetzlich festgelegt sind.

Freiwillige Leistungen sind so genannte Kann-Leistungen (z. B. auf der Grundlage des SGB VIII oder SGB XII), d. h. Leistungen, bei denen ein Ermessensspielraum besteht.

Ermessen liegt vor, wenn der Träger zwischen Verhaltensweisen wählen kann, also keine eindeutige „Wenn-dann"-Beziehung besteht. Deutlich wird dies durch den ausdrücklichen Hinweis auf das „Ermessen" im Gesetz oder Ausdrücke wie „kann" oder „darf" (vgl. Münder 1993, 500 f.).

Freiwillige Leistungen sind weiterhin Leistungen, an deren Erbringung ein erhebliches öffentliches Interesse besteht und die deshalb durch öffentliche Zuschüsse oder Subventionen finanziert werden können. (§ 23 der Haushaltsordnungen von Bund und Ländern fordert, dass Zuschüsse nur dann gewährt werden, wenn die jeweilige Aufgabe ohne diese nicht oder nicht befriedigend bewältigt werden kann.) Freiwillige Leistungen sind also ein unmittelbarer Ausdruck des politischen Willens der Gebietskörperschaften.

Grundstrukturen der Finanzierung sozialer Organisationen in einzelnen Sozialgesetzen, im Betreuungsrecht und in den Europäischen Strukturfonds

3

Zusammenfassung

Das zweiten Kapitel dieses Buches behandelt Sozialgesetze, welche die wichtigste Finanzierungsgrundlage sozialer Organisationen darstellen. Auch gibt dieses Kapitel einen Einblick in das Betreuungsrecht und die Finanzierung auf Basis der europäischen Strukturfonds. Es werden unter anderem folgende Themen behandelt:

- Arbeitsförderung (SGB III)
- Gesetzliche Krankenversicherung (SGB V)
- Sozialhilfe (SGB XII)
- Grundsicherung für Arbeitsuchende (SGB II)
- Kinder- und Jugendhilfe (SGB VIII)
- Betreuungsrecht
- Europäische Strukturfonds

Ein Sozialmanager muss Anschlussfähigkeiten zu anderen Funktionssystemen der Gesellschaft herstellen, damit Ressourcen (z. B. Räume, Finanzen, Personal) für die Soziale Arbeit zur Verfügung gestellt werden. Hierzu gilt es, den Code der anderen Funktionssysteme der Gesellschaft zu nutzen. Der Code in der Erwerbswirtschaft ist der Gewinn. Ein erwerbswirtschaftliches Unternehmen wird nur dann eine Leistung erbringen, wenn es dafür entweder bezahlt wird oder sich über andere Ebenen einen wirtschaftlichen Erfolg verspricht (Stärkung der Corporate Identity, Sponsoring als Marketingmittel etc.).

Die Sozialwirtschaft ist auf öffentliche Mittel angewiesen, die in einem beachtlichen Umfang zur Verfügung gestellt werden müssen.

Insgesamt wurden in Deutschland im Jahr 2013 rd. 812,2 Mrd. € für Sozialleistungen verausgabt. Die Sozialleistungsquote lag bei 29,7 % (BmAS 2014, 6). Dabei entfielen 332,1 Mrd. € auf den Funktionsbereich Krankheit und Invalidität, 307,3 Mrd. € auf den Bereich Alter und Hinterbliebene, 86,6 Mrd. € auf das Feld Kinder, Ehegatten und Mutterschaft, 32,4 Mrd. € wurden für den Funktionsbereich Arbeitslosigkeit ausgegeben und 21,2 Mrd. € für Sonstige Aufgaben.

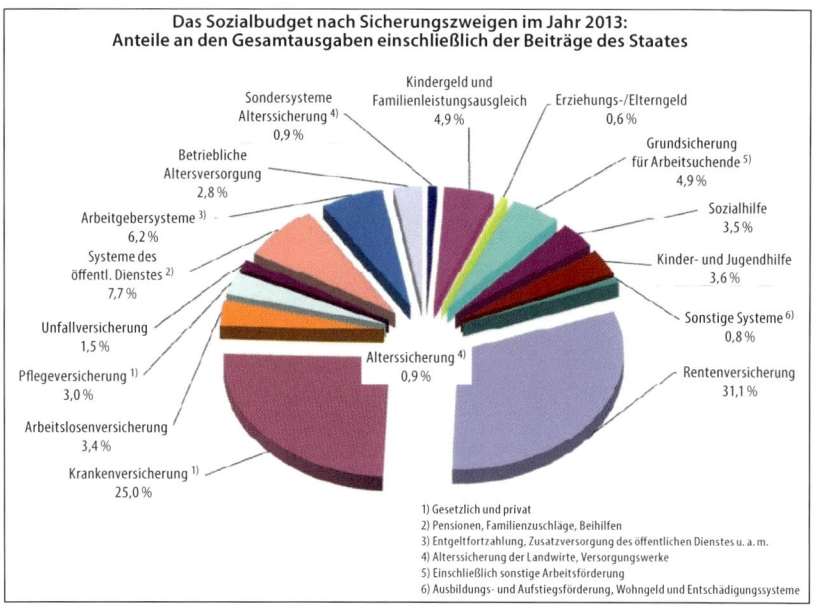

Abb. 3.1 Das Sozialbudget nach Sicherungszweigen im Jahr 2013 (Bundesministerium für Arbeit und Soziales 2014, 6)

Ein Drittel des bundesdeutschen Sozialprodukts wird für den Sozialen Sektor zur Verfügung gestellt. Da es sich hauptsächlich um öffentliche Mittel handelt, erfolgt ihre Vergabe aufgrund öffentlich-rechtlicher Rahmenbedingungen, die insbesondere in den Sozialgesetzen festgelegt sind. Ein Sozialmanager muss daher auch den Code des Rechts nutzen, wenn er Anschlussfähigkeiten herstellen und öffentliche Mittel für das Funktionssystem der Sozialen Arbeit einwerben will.

2.3 Pflichtleistungen und freiwillige Leistungen

Die Sozialgesetze lassen sich grob wie folgt gliedern:

a. **Gesetze zur Regelung der sozialen Vorsorge**
   Hierzu gehören die Regelungen des Sozialversicherungssystems: Gesetzliche Unfallversicherung (RVO), Arbeitsförderung (SGB III), Gesetzliche Krankenversicherung (SGB V), Gesetzliche Rentenversicherung, (SGB VI) und Soziale Pflegeversicherung (SGB XI) aufgrund derer Lebensrisiken abgesichert werden.
b. **Gesetze zur Regelung sozialer Entschädigungen**
   Hierzu gehören z. B. Regelungen zur Entschädigungen für Kriegsfolgen (BVG) des SED-Unrechts (StrRehaG) oder für Kriminalopfer (OEG). Dieser Zweig der sozialen Sicherung spielt für die Finanzierung sozialer Einrichtungen und Dienste eine untergeordnete Rolle.
c. **Gesetze der sozialen Förderung**
   Hierzu gehören z. B. Regelungen der Ausbildungsförderung (BAFöG), des Wohn- (WoGG) oder Erziehungsgeldes (BErzGG) oder des Unterhaltsvorschusses (UhVG).
d. **Gesetze zur Regelung sozialer Hilfe**
   Hierzu gehören die Regelungen der Grundsicherung für Arbeitssuchende (SGB II), der Kinder- und Jugendhilfe (SGB VIII), der Rehabilitation und Teilhabe behinderter Menschen (SGB IX) und der Sozialhilfe SGB XII.

Aus den vier Hauptbereichen des Sozialrechts werden die für die Finanzierung sozialer Einrichtungen und Dienste besonders wichtigen gesetzlichen Bestimmungen hervorgehoben.[2]

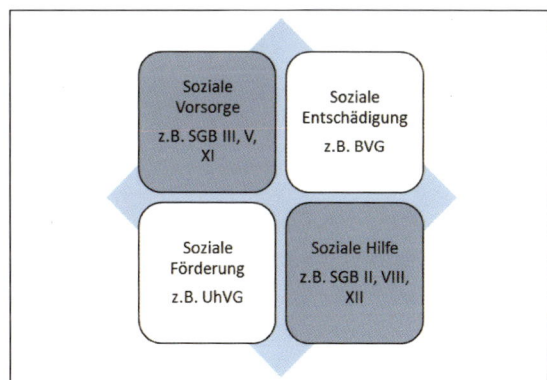

Abb. 3.2
Hauptbereiche des Sozialrechts (eigene Darstellung)

---

2 Gesetzesstand Mai 2015

Tab. 3.1 Gesetzlich geregelte soziale Sicherung (eigene Darstellung)

Soziale Vorsorge (gesetzliche Sozialversicherungen)					Soziale Entschädigung	Soziale Förderung	Soziale Hilfe
Finanzierung über Versicherungsbeiträge der Arbeitnehmer und Arbeitgeber					Steuerfinanziert	Steuerfinanziert	Steuerfinanziert
Anspruchsberechtigt sind diejenigen, die Versicherungsbeiträge gezahlt haben.					Anspruchsberechtigt sind diejenigen, die besondere Lasten zu tragen haben.	Anspruchsberechtigt sind diejenigen, die besondere Leistungen für die Gemeinschaft erbringen.	Anspruchsberechtigt sind alle, die sich nicht selbst helfen können.
Gesetzliche Unfallversicherung (RVO)	Arbeitsförderung (SGB III)	Gesetzliche Krankenversicherung (SGB V, RVO, KVLG)	Gesetzliche Rentenversicherung (SGB VI)	Soziale Pflegeversicherung (SGB XI)	Opfer • von Kriegen, (BVG, SVG) • Verbrechen (OEG), • SED-Unrecht (StrRehaG) etc.	• Kindergeld (BKGG) • Ausbildungsförderung, (BAföG) • Erziehungsgeld, (BErzGG) • Unterhaltsvorschuss (UhVorschG) etc.	• Grundsicherung für Arbeitssuchende (SGB II) • Kinder- und Jugendhilfe (SGB VIII) • Sozialhilfe (SGB XII)

Neben den geschilderten Finanzierungsmöglichkeiten aufgrund der Sozialgesetze wird in diesem Kapitel auf Finanzierungsmöglichkeiten der im Wesentlichen im Bürgerlichen Gesetzbuch (BGB §§ 246 ff.) verankerten Bestimmungen des Betreuungsgesetzes und auf Finanzierungsmöglichkeiten durch die Europäische Union hingewiesen.

3.1 Arbeitsförderung SGB III (Soziale Vorsorge)

Das SGB III ist die Rechtsgrundlage für die Finanzierung sozialer Einrichtungen und Dienste durch die Bundesagentur für Arbeit. Es sieht neben Versicherungsleistungen im engeren Sinne in Form von Arbeitslosengeld eine Reihe von Maßnahmen der aktiven Arbeitsförderung vor.

3.1.1 Leistungen

Übergang von der Schule in die Berufsausbildung

Für junge Menschen, die vermutlich Schwierigkeiten haben werden, den Abschluss der allgemeinbildenden Schule oder die Vermittlung in eine Berufsausbildung zu erreichen, kann die Agentur für Arbeit Schritte der Berufseinstiegsbegleitung, (Abschluss einer allgemeinbildenden Schule, Berufsorientierung und -wahl, Ermittlung einer Ausbildungsstelle, Stabilisierung des Berufsausbildungsverhältnisses) unterstützen, wenn sich Dritte mit mindestens 50 Prozent an der Förderung beteiligen. Angemessene Kosten für die Realisierung der Maßnahme einschließlich der erforderlichen Ausgaben für die Berufseinstiegsbegleiterinnen und Berufseinstiegsbegleiter werden den Trägern erstattet. (§ 49 SGB III). Die Agentur für Arbeit kann weiterhin für förderungsbedürftige junge Menschen berufsvorbereitende Bildungsmaßnahmen fördern (§ 51 SGB III). Den Trägern werden die angebrachten Ausgaben erstattet.

Ein Beispiel für Leistungen, die junge Menschen beim Übergang von der Schule in die Berufsausbildung unterstützen, sind Berufsvorbereitende Bildungsmaßnahmen.

Eine Berufsvorbereitende Bildungsmaßnahme ist eine durch das SGB III geförderte Maßnahme zur Vorbereitung auf und Eingliederung in eine Ausbildung. Sie richtet sich an Jugendliche und junge Erwachsene bis 25 Jahre, die bislang noch keine Berufsausbildung absolviert haben. Dazu gehören auch junge Menschen, ohne Schulabschluss.

> Zusammen mit einem Ausbildungsteam (Ausbilder, Lehrer und Sozialpädagogen) und einem Bildungsbegleiter werden zunächst in einem gründlichen Kompetenzcheck (Eignungsanalyse) die beruflichen Fähigkeiten und Neigungen herausgearbeitet. Es besteht dabei die Möglichkeit, sich in verschiedenen Berufsfeldern zu erproben.
> Im Anschluss werden die Jugendlichen allgemeinbildend, fachtheoretisch und fachpraktisch auf eine betriebliche Ausbildung vorbereitet. Ergänzt wird die Maßnahme durch Praktika bei ausgewählten Partnerbetrieben, damit zum einen die Jugendlichen Hilfestellung bei ihrer Berufswahlentscheidung bekommen, zum anderen die Arbeitgeber die Möglichkeit haben, den zukünftigen Auszubildenden persönlich kennenzulernen, eventuell vorhandene Vorurteile abzubauen und den Jugendlichen eine berufliche Chance zu geben.
> Die Förderdauer liegt in der Regel zwischen 9 und 11 Monaten.

Quelle: https://www.oks.de/ausbildung/berufsvorbereitung. (Zugriff: 20.03.16)

Maßnahmen zur Unterstützung und Förderung der Berufsausbildung

Einrichtungen können Maßnahmen zur Unterstützung und Förderung der Berufsausbildung bezahlt bekommen, wenn sie Förderungsbedürftige, (lernbeeinträchtigte und sozial benachteiligte junge Menschen und Auszubildende, bei denen z. B. ohne Förderung eine vorzeitige Lösung ihres Berufsausbildungsverhältnisses droht) mit ausbildungsbegleitenden Hilfen (zum Abbau von Sprach- und Bildungsdefiziten, zur Förderung fachpraktischer und fachtheoretischer Fertigkeiten, Kenntnisse und Fähigkeiten und zur sozialpädagogischen Begleitung) bei ihrer betrieblichen Ausbildung oder ihrer Einstiegsqualifizierung unterstützen oder ihre Eingliederungsaussichten in Berufsausbildung oder Arbeit erhöhen oder anstelle einer Berufsausbildung in einem Betrieb in einer außerbetrieblichen Einrichtung ausbilden (§ 74 ff SGB III), wenn z. B. einem Jugendlichen auch mit ausbildungsfördernden Leistungen eine Ausbildungsstelle in einem Unternehmen nicht vermittelt werden kann.

Die Leistungen umfassen bei ausbildungsbegleitenden Hilfen die Maßnahmekosten und bei einer außerbetrieblichen Berufsausbildung die Förderungen zur Ausbildungsvergütung plus den Gesamtsozialversicherungsbeitrag sowie die Maßnahmekosten.

Ein Beispiel für Leistungen die die Unterstützung und Förderung der Berufsausbildung gewehrleisten sollen, sind die Ausbildungsbegleitenden Hilfen (abH).

ausbildungsbegleitende Hilfen (abH) sollen Ausbildungsabbrüche verhindern und durch individuelle Förderung dazu beitragen, den Ausbildungserfolg zu sichern. Ziele sind die Aufnahme, Fortsetzung sowie der erfolgreiche erstmalige Abschluss einer Berufsausbildung, womit eine berufliche Integration in den Arbeitsmarkt ermöglicht werden soll.

Das Angebot richtet sich an Jugendliche und junge Erwachsene die in der Regel unter 25 Jahre alt sind, die allgemeine Schulpflicht erfüllt haben, über keine berufliche Erstausbildung verfügen und von der Agentur für Arbeit oder dem Jobcenter diese Maßnahme zugewiesen bekommen haben.

Die Förderung beginnt mit Ausbildungsbeginn und endet spätestens sechs Monate nach Begründung eines Arbeitsverhältnisses. Ausbildungsbegleitende Hilfen werden außerhalb der betrieblichen Arbeitszeiten / Berufsschulzeiten der Teilnehmer angeboten. Die Dauer des Stütz- und Förderunterrichtes beträgt pro Teilnehmer zwischen drei und acht Unterrichtsstunden á 45 Minuten wöchentlich.

Quelle: http://www.aundaplus.de/22-0-Angebote.html. (Zugriff: 21.03.16)

Maßnahmen zur Aktivierung und beruflichen Eingliederung

Zielgruppe der Förderung zur Aktivierung und beruflichen Eingliederung sind Ausbildungssuchende, von Arbeitslosigkeit bedrohte Arbeitsuchende und Arbeitslose. Es können Maßnahmen gefördert werden, die die berufliche Eingliederung durch Heranführung an den Ausbildungs- und Arbeitsmarkt, Feststellung, Verringerung oder Beseitigung von Vermittlungshemmnissen, Vermittlung in eine versicherungspflichtige Beschäftigung, Heranführung an eine selbständige Tätigkeit oder Stabilisierung einer Beschäftigungsaufnahme unterstützen (§ 45 (1) SGB III).

Die Agentur für Arbeit kann Gutscheine (Aktivierungs- und Vermittlungsgutscheine) ausstellen, in denen Maßnahmenziele und -inhalte festgelegt werden. Der Aktivierungs- und Vermittlungsgutschein kann zeitlich sowie regional begrenzt werden und erlaubt die Auswahl eines entsprechenden zugelassenen (zertifizierten) Trägers, wenn Maßnahmeziel und -inhalt passend sind. Weiterhin eines Trägers, der eine erfolgsbezogen vergütete Arbeitsvermittlung in versicherungspflichtige Beschäftigung anbietet. (Dieser kann ein Entgelt in Höhe von bis zu 2 500 Euro erhalten.) Möglich ist auch die Wahl eines Arbeitgebers, der eine dem Maßnahmeziel und -inhalt entsprechende betriebliche Maßnahme von einer Zeitdauer bis zu sechs Wochen anbietet.

Die folgende Grafik dient der Veranschaulichung eines Aktivierungs- und Vermittlungsgutscheins der Bundesagentur für Arbeit.

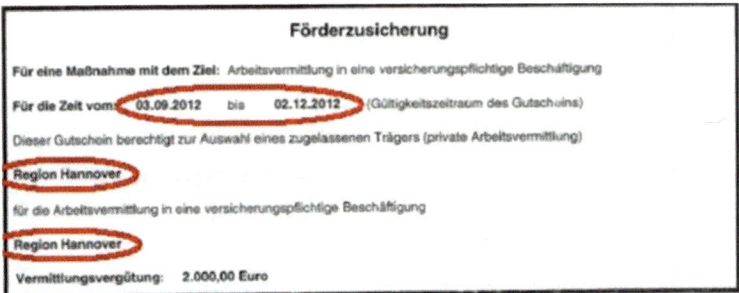

Abb. 3.3 Aktivierungs- und Vermittlungsgutschein. (http://www.wsl-service.de/sites/wsl-service/wsl_images/AVGS_Seite01.png. (Zugriff: 21.03.16)

Eine Maßnahme, bei welcher so ein Aktivierungs- und Vermittlungsgutschein gesetzt werden kann, stellt beispielsweise das folgende Projekt der Aidshilfe Bielefeld e. V. dar.

Beispiel

Sozialprojekt Tierpension der Aidshilfe Bielefeld e. V.

Seit Mitte 2005 qualifiziert und beschäftigt die Aids-Hilfe Bielefeld langzeitarbeitslose Menschen mit und ohne HIV in der Tierpflege.

In der Grundausbildung werden die Teilnehmer und Teilnehmerinnen in artgerechter Tierpflege praktisch angeleitet und entsprechend ihrer Fähigkeiten und ihres Leistungsvermögens eingesetzt.

Darüber hinaus können sie verschiedene Aktivierungsgutscheine nutzen, um sich in artgerechter Tierpflege zu qualifizieren, sich mit gesunder Ernährung auseinanderzusetzen und sich in psychosozialen Fragen beraten zu lassen.

Im Jahr 2015 wurden insgesamt 54 Teilnehmer durch die Maßnahme qualifiziert.

Quelle: http://www.tierpension-in-bielefeld.de/sozialprojekt.html. (Zugriff: 24.03.16)

Förderung der beruflichen Weiterbildung

Die Bundesagentur fördert ebenfalls als Ermessensleitung Weiterbildungsmaßnahmen. Voraussetzung ist, dass die Weiterbildung erforderlich ist, um bei Arbeitslosigkeit eine berufliche Eingliederung zu bewirken, eine konkret drohende Arbeitslosigkeit abzuwenden oder weil die Notwendigkeit einer Weiterbildung wegen eines fehlenden Berufsabschlusses anerkannt ist (§ 81 (1) SGB III). (Auch in Arbeit stehende Beschäftigte in Klein- und Mittelbetrieben mit weniger als 250 Beschäftigten können, wenn sie älter als 45 sind, gefördert werden (§ 82 SGB VIII)).

Die Sonderprogramme WeGebAU und IFlaS der Bundesagenturen für Arbeit dienen der Förderung der beruflichen Weiterbildung.

Die Abkürzung „WeGebAU steht für „Weiterbildung Geringqualifizierter und beschäftigter Älterer in Unternehmen und die Abkürzung IFlaS für „Initiative zur Flankierung des Strukturwandels".

Mit WeGebAU fördert der sogenannte Arbeitgeberservice der Arbeitsagenturen die Weiterbildung von gering qualifizierten Personen und älteren Arbeitnehmern, um deren Beschäftigungsfähigkeit zu verbessern und Arbeitslosigkeit zu vermeiden. Gefördert werden können z. B. die Weiterbildungskosten für ältere Arbeitnehmer, wenn der Arbeitgeber das Arbeitsentgelt während der Weiterbildungsmaßnahme fortzahlt oder ein Zuschuss zum Arbeitsentgelt, wenn der Arbeitgeber seinen Arbeitnehmer unter Fortzahlung von Arbeitsentgelt freistellt. Ebenfalls können Weiterbildungskosten bei un- und angelernten Arbeitnehmern zum Nachholen eines Berufsabschlusses übernommen werden.

Beim Programm IFlaS sind Geringqualifizierte (ohne abgeschlossene Berufsausbildung oder „Wiederungelernte" – also Personen, die lange Zeit nicht in ihrem erlernten Beruf tätig waren – und zwar sowohl arbeitslose Personen wie auch von Arbeitslosigkeit bedrohte Personen, aber auch BerufsrückkehrerInnen und WiedereinsteigerInnen die Zielgruppe. Gefördert werden können abschlussorientierte und „berufsanschlussfähige" Qualifizierungsmaßnahmen.

Quelle: http://www.itb-net.de/weiterbildung/foerderung.htm. (Zugriff: 25.03.16)

Bildungsgutscheine

Die Arbeitsagenturen geben Bildungsgutscheine aus. Sie weisen u. a. das Bildungsziel, die zum Erreichen des Bildungsziels erforderliche Zeitdauer und den regionalen Geltungsbereich aus (§ 81 (4) SGB III).

Die Gutscheine haben den Charakter einer amtlichen Zusage für die Teilnahme an einer beruflichen Weiterbildung. Vom Grundsatz her kann der Inhaber eines Bildungsgutscheins frei wählen, an welchen zugelassenen Weiterbildungsträger er sich wendet, doch muss die Wahl des Weiterbildungsträgers mit dem Bildungsziel, den Qualifizierungsschwerpunkten und der vorgesehenen maximalen Weiterbildungsdauer übereinstimmen. Ziel der Einführung von Bildungsgutscheinen ist mehr Wettbewerb zwischen den Bildungsträgern und eine gesteigerte Qualität in der Weiterbildung.

Der Bildungsträger rechnet die Lehrgangskosten auf Grundlage des Bildungsgutscheines mit der Agentur für Arbeit ab.

Bildungsgutschein-Nr.:

für: Kundennummer - lfd. Nr.

gem. § 77 Abs. 3 Sozialgesetzbuch – Drittes Buch (SGB III)

Gültigkeitsdauer:	
	Die Gültigkeit des Bildungsgutscheines endet vorzeitig, wenn vor Eintritt in die Weiterbildung Hilfebedürftigkeit nach § 9 SGB II vorliegt oder eintritt.
Übernommen werden	die der Zulassung zugrunde liegenden vollen Lehrgangskosten
Weiterbildungsdauer:	bis zu 24,00 Monate einschließlich eines notwendigen Betriebspraktikums.
Bildungsziel/Qualifizierungsinhalte:	
Unterrichtsart:	Vollzeit
Weiterbildungsstätte:	außerbetrieblich
Weiterbildungsort	im Tagespendelbereich

Angaben zur besuchten Maßnahme

Maßnahmenummer: ____ / ____ / ____

Maßnahmebezeichnung: ________________
(genaue Bezeichnung)

Maßnahmedauer/Zulassungszeitraum Beginn: ________ Ende: ________

____________ wird in die Maßnahme aufgenommen.

Für die/den Obengenannte(n) ist die Teilnahme wie folgt vorgesehen:
Beginn: ________ Ende: ________

Abb. 3.4 Bildungsgutschein (http://www.dts-verwaltung.de/dts/wp-content/uploads/2015/02/bildungsgutschein-muster.jpg. (Zugriff: 25.03.16)

Da Bildungsgutscheine nur solange verteilt werden, wie finanzielle Mittel für die Förderung beruflicher Weiterbildung zur Verfügung stehen, ist die Existenz der Träger von der Prioritätensetzung der Bundesagentur und ihrer finanziellen Situation abhängig.

Leistungen für Menschen mit Behinderung zur Teilhabe am Arbeitsleben

Die Bundesagentur für Arbeit kann für Menschen mit Behinderung Leistungen zur Förderung der Teilhabe am Arbeitsleben gewähren, wenn andere Rehabilitationsträger nicht zuständig sind. Sie finanziert dann allgemeine Leistungen wie z. B. die Aktivierung und berufliche Eingliederung, die Förderung der Berufsvorbereitung und Berufsausbildung oder der beruflichen Weiterbildung (§ 115 (1) SGB III), um die Erwerbsfähigkeit behinderter Menschen zu erhalten, zu bessern, herzustellen oder wiederherzustellen. Die Entscheidung liegt im Ermessen der Bundesagentur für Arbeit. Doch für Menschen mit Behinderung, für die wegen der Art oder Schwere ihrer Behinderung oder der Sicherung des Eingliederungserfolgs Maßnahmen in besonderen Einrichtungen notwendig sind, werden, wenn die allgemeinen Leistungen nicht ausreichen, als Pflichtleistung besondere Leistungen finanziert. Einfacher formuliert: Die Förderung von Menschen mit Behinderung ist eine *Kann*-Leistung und wird von Fall zu Fall in Bezug auf die Finanzierung entschieden. Ausnahmen bilden schwer behinderte Menschen, die in besonderen Einrichtungen wie z. B. in Berufsbildungs- und Berufsförderungswerken qualifiziert werden. Ihnen steht noch immer eine Pflichtleistung zu. (§ 117 SGB III). Hierzu gehört neben dem Übergangs- und Ausbildungsgeld auch die Übernahme der Teilnahmekosten für eine Maßnahme (§ 118 SGB III). Diese Leistungen können auch in Form eines Persönlichen Budgets, also als Geldleistung erfolgen (§ 118 SGB III).

Beispiel

Berufsbildungswerk Annastift in Hannover

Das Annastift Bildungswerk ist Teil der Diakonischen Dienste Hannover und ist ein Leistungsanbieter für Menschen mit Behinderung zur Teilnahme am Arbeitsleben.
 Neben der Vermittlung von Ausbildungs- und Arbeitsplätzen unterstützt das Bildungswerk Menschen mit Behinderung außerdem durch folgende Leistungen:

- Bewerbungstraining
- Erstellung eines Stärken-Profils

- Vermittlung geeigneter Praktikumsplätze
- Vorbereitung auf Vorstellungsgespräche
- Begleitung beim Kontakt mit Betrieben
- Jährliche Kontaktbörse mit Arbeitgebern

Quelle: http://www.annastift-berufsbildungswerk.de/cfscripts/main_integration.cfm?auswahl=01.05. (Zugriff: 28.03.16)

Förderung der Selbständigkeit

Eine weitere Unterstützungsmaßnahme ist der Gründungszuschuss für Arbeitnehmer, die durch Aufnahme einer selbstständigen, hauptberuflichen Tätigkeit die Arbeitslosigkeit beenden (§ 93 SGB III). Der Gründungszuschuss wird für die Dauer von sechs Monaten in Höhe des Betrages, den der Arbeitnehmer als Arbeitslosengeld zuletzt bezogen hat, zuzüglich 300 Euro, geleistet. Der Gründungszuschuss kann für weitere neun Monate in Höhe von monatlich 300 Euro geleistet werden, wenn die geförderte Person ihre Geschäftstätigkeit anhand geeigneter Unterlagen darlegt (§ 94 SGB III).

3.1.2 Abschluss von Vereinbarungen

Die Förderung durch die Bundesagentur für Arbeit erfolgt auf der Grundlage öffentlicher Ausschreibungen der Maßnahmen durch regionale Einkaufszentren (REZ) auf der Grundlage der Verdingungsordnung für Leistungen (VOL). Das heißt, die Arbeitsagentur schreibt aus und die sozialen Einrichtungen bewerben sich. Angebote freier Träger werden nach Qualitäts- aber auch nach Kostengesichtspunkten geprüft. Der Preis ist zwar nicht das alleinige, dennoch ein entscheidendes Kriterium.

Die folgende Grafik dient der Veranschaulichung des Prozesses einer öffentlichen Ausschreibung.

3.1 Arbeitsförderung SGB III (Soziale Vorsorge) 25

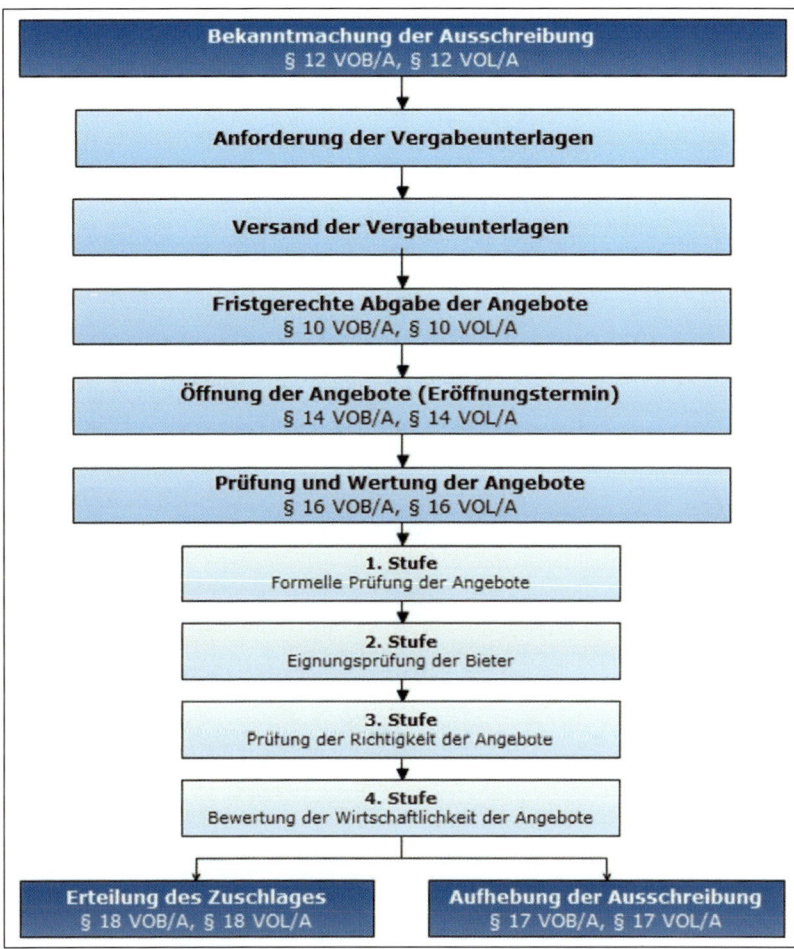

Abb. 3.5 Ausschreibungsverfahren
(http://www.unitracc.com/mediathek/structure/nodomain/vergaberecht-oeffentliche-ausschreibung) (Zugriff: 10.03.2016)

3.2 Gesetzliche Krankenversicherung SGB V (Soziale Vorsorge)

Seit der Einführung der sozialen Pflegeversicherung und durch verschiedene Gesundheitsstrukturreformen hat die Bedeutung des SGB V für die Finanzierung sozialer Einrichtungen und Dienste stetig abgenommen. Doch für Sozialstationen und ambulante Pflegedienste bleibt das SGB V neben der Pflegeversicherung eine wichtige Finanzierungsebene.

So können Mittel bereitgestellt werden:

- zur Krankenhausvermeidungspflege, wenn eine Krankenhausbehandlung durch die häusliche Pflege vermieden oder verkürzt werden kann (§ 37 (1) SGB V),
- zur Behandlungspflege, wenn sie im Rahmen einer ärztlichen Behandlung notwendig ist (§ 37 (2) SGB V),
- wenn Pflege wegen einer Schwangerschaft oder Entbindung erforderlich ist (§ 27 g SGB V).
- zur Finanzierung von Haushaltshilfen, wenn die Weiterführung des Haushalts wegen Krankheit (§ 38 SGB V), Schwangerschaft oder Entbindung (§ 24 h SGB V) nicht möglich ist
- und im Haushalt ein Kind lebt, das jünger als 12 Jahre alt oder behindert ist und eine im Haushalt lebende Person den Haushalt nicht weiterführen kann.

Eine weitere wichtige Finanzierungsebene ist der § 37 a SBG V. Er regelt die Finanzierung von Maßnahmen der Soziotherapie für Versicherte, die wegen schwerer psychischer Erkrankung nicht in der Lage sind, ärztliche oder ärztlich verordnete Leistungen selbstständig in Anspruch zu nehmen, wenn dadurch Krankenhausbehandlung vermieden oder verkürzt wird (§ 37 a (1) SGB V).

Des Weiteren sind für die Finanzierung sozialer Einrichtungen die Bestimmungen zur gesundheitlichen Prävention des SGB V zu nennen. So sehen die Paragraphen 20 ff. SGB V Leistungen zur Verhütung von Krankheiten vor. Auch Selbsthilfegruppen oder -kontaktstellen, die sich die Prävention oder Rehabilitation zum Ziel gesetzt haben, können gefördert werden (§ 20 c SGB V).

Eine wichtige Finanzierungsebene für Beratungsdienste für Frauen sind die §§ 24 a und 24 b SGB V. Sie regeln Leistungen zur Schwangerschaftsverhütung und des nichtrechtswidrigen Schwangerschaftsabbruchs.

Zu nennen ist auch der § 39 a SGV, auf dessen Grundlage Hospizdienste finanziell unterstützt werden. Es werden Personalkosten für palliativ-pflegerische Beratung und die Gewinnung, Schulung, Koordination und Unterstützung der ehrenamtlich tätigen Personen bezuschusst.

3.3 Soziale Pflegeversicherung SGB XI (Soziale Vorsorge)

Die gesetzliche Pflegeversicherung (SGB XI) ist die wichtigste Finanzierungsgrundlage der Sozialstationen und der ambulanten und stationären Pflegedienste und orientiert sich bei der Mittelvergabe an den drei Pflegestufen (§ 15 SGB XI):

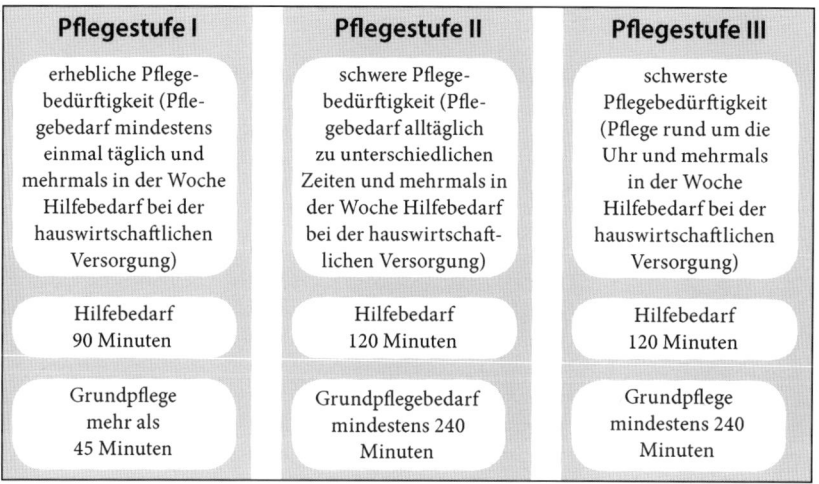

Abb. 3.6 Pflegestufen (eigene Darstellung)

Insbesondere die Anzahl der Leistungsempfänger der Pflegestufe I steigt kontinuierlich wie in der folgenden Grafik gezeigt wird:

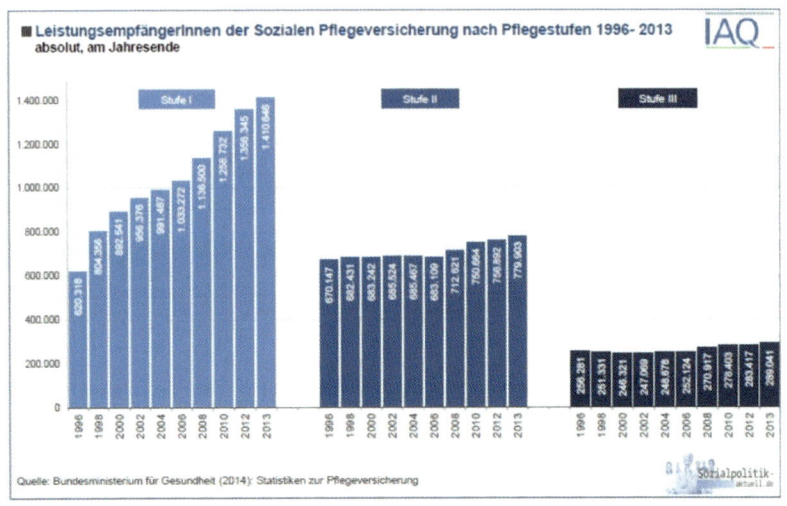

Abb. 3.7 Leistungsempfänger der Pflegeversicherung nach Pflegestufen (http://www.sozialpolitik-aktuell.de/tl_files/sozialpolitik-aktuell/_Politikfelder/Gesundheitswesen/Datensammlung/PDF-Dateien/abbVI42.pdf (Zugriff 22.5.2015)

3.3.1 Leistungen

Ambulante Pflege

Die Pflegeversicherung räumt der Prävention und Rehabilitation einen Vorrang ein, um Pflegebedürftigkeit zu vermeiden (§ 35 SGB XI) und bevorzugt die ambulante Pflege, so dass pflegebedürftige Menschen in ihrem häuslichen Umkreis bleiben können (§ 3 SGB XI). Die häusliche Pflege kann als Pflegesachleistung in Form von Grundpflege und hauswirtschaftlicher Versorgung oder als Pflegegeld für selbstbeschaffte Pflegehilfen erfolgen (§§ 36 ff. SGB XI).

Der hohe Stellenwert der häuslichen Pflege wird daran deutlich, dass über 70 % aller Pflegebedürftigen zu Hause versorgt werden.

3.3 Soziale Pflegeversicherung

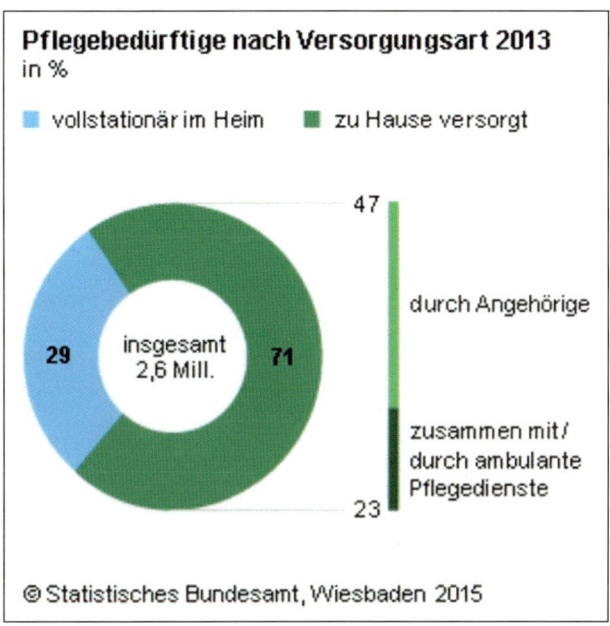

Abb. 3.8 Pflege in Deutschland (Statistisches Bundesamt, Wiesbaden, Pressemitteilung vom 12. März 2015 – 94/15)

Eine besondere Bedeutung hat das Pflegegeld für selbstbeschaffte Pflegehilfen, denn von den (2013) 2,63 Millionen pflegebedürftigen Menschen erhielten 47 % (1,25 Millionen) ausschließlich Pflegegeld – das heißt, sie wurden durch Angehörige oder auf andere „informelle Weise", durch „selbstbeschaffte Kräfte" gepflegt. Obwohl das Pflegegeld nur ca. die Hälfte des Wertes der Pflegesachleistung beträgt, wird es mehrheitlich gewählt und somit die Versorgung Pflegebedürftiger durch Angehörige aber auch durch prekäre Beschäftigungsverhältnisse finanziert. Es wurde ein informeller Sektor der sozialen Dienstleistungen aufgebaut und finanziert, seien es Nachbarn oder Familienangehörige oder aber preiswerte, illegal tätige Pflegekräfte aus Mittel- und Osteuropa. (In 10 % der Haushalte arbeiten osteuropäische Frauen in Schwarzarbeit, so schätzt das Institut für angewandte Pflegeforschung. Ohne die Schwarzarbeit der osteuropäischen Frauen, würde die ambulante Pflegestruktur zusammenbrechen und die zu Hause Gepflegten müssten in ein Pflegeheim (FAS 8.8.2010, 5)).

Bei 23 % der Pflegebedürftigen (616.000), erfolgte die Pflege als Pflegesachleistung zusammen mit oder durch ambulante Pflegediensten in Privathaushalten. 29 %

der Pflegebedürftigen (764.000) wurden in Pflegeheimen vollstationär gepflegt (Statistisches Bundesamt Pressemitteilung vom 12. März 2015 – 94/15).

Pflegesachleistungen (häusliche Pflegehilfe, § 36 SGB XI)

Ambulante Pflegedienste können (2015) für die häusliche Pflege je nach Pflegestufe Entgelte in Höhe von 468 Euro (Stufe I) 1.144 Euro (Stufe II) und 1.612 Euro (Stufe III) (§ 36 (3) SGB XI) erhalten. In besonderen Fällen können bis zu 1.995 Euro/Monat gezahlt werden (§ 36 (4) SGB XI). Voraussetzung für die **Pflegesachleistung** ist, dass der Pflegebedürftige nicht in einer stationären Pflegeeinrichtung gepflegt wird (§ 36 (1) SGB XI).

§ 71 SGB XI definiert ambulante Pflegeeinrichtungen als „ *... selbständig wirtschaftende Einrichtungen, die unter ständiger Verantwortung einer ausgebildeten Pflegefachkraft Pflegebedürftige in ihrer Wohnung pflegen und hauswirtschaftlich versorgen*" (§ 71 (1) SGB XI).

Die Mittel der Pflegeversicherung können somit gemeinnützigen ebenso wie erwerbswirtschaftlichen Einrichtungen, aber auch Einzelpersonen zu Gute kommen. Öffentliche Einrichtungen werden nachrangig behandelt. Die Folge ist eine Vielfalt von Anbietern.

Pflegegeld für selbstbeschaffte Pflegehilfen (§ 37 SGB XI)

Statt Pflegesachleistungen können Pflegebedürftige (2015) ein **Pflegegeld** in Höhe von 244 Euro (Stufe I), 458 Euro (Stufe II) bzw. 728 Euro (Stufe III) erhalten, wenn sie hiermit die erforderliche Grundpflege und hauswirtschaftliche Versorgung sicherstellen können. Obwohl das Pflegegeld nur ca. die Hälfte des Wertes der Pflegesachleistung beträgt, wird es von fast 50 % der Pflegebedürftigen gewählt.

Kombinationsleistungen (Geld- und Sachleistungen) (§ 38 SGB XI)

Die Pflegeversicherung sieht eine **Kombination von Pflegegeld und Sachleistungen** vor. Das Pflegegeld wird prozentual in dem Maße vermindert, wie Sachleistungen in Anspruch genommen werden (§ 38 SGB XI).

Häusliche Pflege bei Verhinderung der Pflegepersonen (§ 39 SGB XI)

Die Pflegekasse übernimmt die Kosten für eine Ersatzpflege für max. vier Wochen pro Jahr, wenn die Pflegeperson verhindert ist (Krankheit, Urlaub etc.). Die Höhe der Vergütung ist (2015) auf 1.612 Euro begrenzt (§ 39 SGB XI).

Persönliches Budget (§ 35a SGB XI)

Pflegebedürftige Menschen mit Behinderung können auf Antrag Leistungen auch als Teil eines trägerübergreifenden Budgets erhalten. Bei der Kombinationsleistung ist nur das anteilige Pflegegeld als Geldleistung budgetfähig, die Sachleistungen dürfen nur in Form von Gutscheinen zur Verfügung gestellt werden (§ 35a SGB XI.)

Die im Folgenden dargestellte Grafik gibt eine Übersicht über die Nutzung des Persönlichen Budgets innerhalb der Bundesländer zum Jahresende 2013.

Übersicht - Ländervergleich Persönliche Budgets der Eingliederungshilfe (Jahresende 2013)

	Bundesländer	Anzahl Persönliche Budgets	Anzahl trägerübergreifende Budgets	Prozent
1	Rheinland-Pfalz	3.034	62	35,63%
2	Baden-Würtenberg	1.001	26	11,75%
3	Hessen	636	380	7,47%
4	Bayern	609	28	7,15%
5	Sachsen-Anhalt	544	4	6,39%
6	Nordrhein-Westfalen	523	-	6,14%
7	Sachsen	514	12	6,04%
8	Niedersachsen	351	6	4,12%
9	Thüringen	305	6	3,58%
10	Berlin	300	109	3,52%
11	Hamburg	287	-	3,37%
12	Brandenburg	200	4	2,35%
13	Saarland	86	-	1,01%
14	Schleswig-Holstein	84	-	0,99%
15	Mecklenburg-Vorpommern	42	4	0,49%
16	Bremen	-	-	0,00%
	Deutschland	**8.516**	**645**	**100,00%**

Abb. 3.9 Ländervergleich Persönliches Budget (Statistisches Bundesamt, Statistik der Sozialhilfe, Eingliederungshilfe für behinderte Menschen, 2013, 12)

Pflegehilfsmittel und wohnumfeldverbessernde Maßnahmen (§ 40 SGB XI)

Die Pflegeversicherung finanziert Pflegeverbrauchsmittel (2015) mit bis zu 40 Euro /Monat (§ 40 (2) SGB XI) und Pflegehilfsmittel. Pflegehilfsmittel sollen aus Kostengründen vorrangig geliehen werden. Die Pflegebedürftigen haben einen Eigenbeitrag von 10 % der Aufwendungen (max. 25 Euro) je Hilfsmittel zu tragen (§ 40 (3) SGB XI). Auch können Maßnahmen zur Verbesserung des individuellen Wohnumfeldes (2015) mit bis zu 4.000 Euro je Maßnahme bezuschusst werden (§ 40 (4) SGB XI).

Durch die geschilderten Leistungen ist zurzeit für ca. 70 % der Bedürftigen eine Pflege „zu Hause" möglich. Doch immer mehr Menschen sind alleinstehend und kinderlos und/oder haben keine nahen Verwandten mehr, so dass für viele eine Pflege z. B. durch Angehörige oftmals nicht mehr möglich ist. Um Ihnen dennoch zu ermöglichen, in ihrem häuslichen Umfeld bleiben zu können (§ 3 SGB XI), werden von der Pflegeversicherung auch Selbsthilfe- (§ 45d SGB XI) und alternative Wohn- und Betreuungsformen (§ 38 a SGB XI) unterstützt. So können Pflegebedürftige (2015) einen Zuschlag in Höhe von 205 Euro/Monat bekommen, wenn sie mit mindestens zwei und höchstens elf weiteren Personen in ambulant betreuten Wohngruppen oder mit mindestens einer weiteren pflegebedürftigen Person in einer Wohngemeinschaft mit dem Ziel der gemeinsam gestalteten pflegerischen Sorge leben (§ 38 a SGB XI). Auch wurde ein „Initiativprogramm zur Förderung neuer Wohnformen" auf den Weg gebracht, so dass Pflegebedürftige (2015) für den entsprechenden Umbau einer gemeinsamen Wohnung jeweils 2.500 Euro erhalten können. Der Gesamtbetrag ist auf 10.000 Euro/ pro Wohngruppe begrenzt (§ 45e SGB XI).

Stationäre und teilstationäre Pflege

In stationären Pflegeeinrichtungen werden Pflegebedürftige ganztags (vollstationär) oder tagsüber bzw. nachts (teilstationär) unter ständiger Verantwortung einer ausgebildeten Pflegefachkraft untergebracht, versorgt und gepflegt (§ 71 (2) SGB XI).

Die Pflegeversicherung finanziert stationäre Pflege, wenn häusliche Pflege nicht in ausreichendem Umfang sichergestellt werden kann oder wenn dies zur Ergänzung und Stärkung der häuslichen Pflege erforderlich ist (§ 41 (1) SGB XI).

Sie finanziert für die teilstationäre Pflege pflegebedingte Aufwendungen (einschließlich der Fahrkosten), die Aufwendungen der sozialen Betreuung und die Kosten der medizinischen Behandlungspflege in Höhe von (2015) monatlich bis zu 468 Euro (Stufe I), 1.144 Euro (Stufe II) und 1.612 Euro für die Stufe III. Die teilstationäre Pflege umfasst auch die notwendige Beförderung des Pflegebedürftigen von der Wohnung zur Einrichtung der Tages- oder Nachtpflege und zurück.

Die Kosten einer Kurzzeitpflege (max. 4 Wochen) in vollstationären Einrichtungen werden in Krisensituationen, z. B. im Anschluss an eine stationäre Behandlung, von der Pflegeversicherung (2015) bis zu einem Gesamtbetrag von 1.612 Euro pro Jahr übernommen (§ 42 SGB XI).

3.3 Soziale Pflegeversicherung

Die Pflegeversicherung finanziert die Aufwendungen für eine vollstationäre Pflege, wenn eine häusliche oder teilstationäre Pflege nicht möglich ist (§ 43 (1) SGB XI). Für die Vergütung gelten (2015) Pauschalen in Höhe von: 1.064 Euro für Pflegebedürftige der Pflegestufe I, 1.330 Euro, für Pflegebedürftige der Pflegestufe II und 1.612 Euro für Pflegebedürftige der Pflegestufe III. Für Härtefälle können bis zu 1.995 Euro/Monat übernommen werden.

Für Pflegebedürftige in einer vollstationären Einrichtung der Hilfe für behinderte Menschen, übernimmt die Pflegekasse 10 % des Heimentgelts bis maximal 266 Euro/Monat (§ 45c SGB XI).

Zusätzliche Leistungen für Personen mit erheblichem allgemeinem Betreuungsbedarf

Für Personen bei denen neben dem Hilfebedarf im Bereich der Grundpflege und der hauswirtschaftlichen Versorgung, ein erheblicher Bedarf an allgemeiner Beaufsichtigung und Betreuung besteht, seien es Pflegebedürftige der drei Pflegestufen, oder aber auch Personen mit demenzbedingten Fähigkeitsstörungen, geistigen Behinderungen oder psychischen Erkrankungen, die einen Hilfebedarf haben, der nicht das Ausmaß der Pflegestufe I erreicht, finanziert die Pflegekasse (2015) zusätzliche Betreuungs- und Entlastungsleistungen in Höhe von 104 Euro monatlich (Grundbetrag) oder 208 Euro monatlich (erhöhter Betrag) (§ 45a ff SGB XI).

Weiterhin werden im Rahmen von Projektförderungen als 50 % Anteilsfinanzierung, Gelder für den Auf- und Ausbau von niedrigschwelligen Betreuungsangeboten, insbesondere für demenzkranke Pflegebedürftige, zur Verfügung gestellt (§ 45c SGB XI).

3.3.2 Abschluss von Vereinbarungen

Allgemeine Vorschriften zur Vergütung

Art, Inhalt und Umfang der Pflegeleistungen werden in Versorgungsverträgen mit den Trägern der Pflegeeinrichtungen festgelegt (§ 72 (2) SGB XI). Pflegeeinrichtungen sollen eine leistungsgerechte Vergütung für die allgemeinen Pflegeleistungen (Pflegevergütung) (§ 82 (1) Abs. 1, §§ 89 ff. SGB XI) bzw. bei stationärer Pflege ein angemessenes Entgelt (Pflegesätze) (§ 82 (1) Abs. 2 SGB XI, § 84 (1) SGB XI) erhalten. Die Pflegesätze werden auf der Grundlage der drei Pflegestufen in drei Pflegeklassen eingeteilt (§ 84 (2) SGB XI). Art, Höhe und Laufzeit der Pflegesätze werden im Voraus (prospektiv) auf der Grundlage vorgelegter Unterlagen direkt zwischen den Pflegeheimen und Kostenträgern festgelegt (§§ 85 ff. SGB XI). Das wirtschaftliche Risiko verbleibt bei der Einrichtung, allerdings kann sie erzielte Gewinne behalten.

Qualitätssicherung

Erbrachte Leistungen müssen von den Pflegeeinrichtungen detailliert dokumentiert werden (§ 105 SGB XI) und sie sind verpflichtet, Qualitätssicherungs- und Qualitätsmanagementmaßnahmen durchzuführen (§ 112 SGB XI).

„Seit Herbst 2009 werden die von Pflegeeinrichtungen erbrachten Leistungen und ihre Qualität veröffentlicht. So hat es das Pflege-Weiterentwicklungsgesetz, das zum 1. Juli 2008 in Kraft getreten ist, in § 115 Abs. 1a vorgesehen.

Der GKV-Spitzenverband, die Bundesarbeitsgemeinschaft der überörtlichen Träger der Sozialhilfe, die Bundesvereinigung der kommunalen Spitzenverbände und die Vereinigung der Träger der Pflegeeinrichtungen haben sich im Dezember 2008 unter Beteiligung des Medizinischen Dienstes des Spitzenverbandes Bund der Krankenkassen (MDS) auf eine Systematik geeinigt, nach der die Qualität der Leistungen von stationären Pflegeeinrichtungen künftig veröffentlicht werden soll. Am 29. Januar 2009 wurde eine ebensolche Regelung für die ambulanten Einrichtungen vereinbart.

Noten bilden die Qualität von Einrichtungen ab

Pflegebedürftige und Angehörige können sich nun mit Hilfe von Noten über die Qualität von Pflegeheimen informieren. Eine erste Orientierung bietet die Gesamtnote einer Pflegeeinrichtung. Darüber hinaus informieren weitere Noten über die Qualität verschiedener Bereiche".

Quelle: Medizinischer Dienst der Krankenversicherung, http://www.mdk.de/1328.htm (Zugriff 1.4.2015)

3.4 Sozialhilfe SGB XII (Soziale Hilfe)

Das SGB XII regelt die Sozialhilfe. Diese gilt allgemein als letzte Auffangebene der sozialen Sicherung und soll Armut vermeiden (durch Hilfe zum Lebensunterhalt) bzw. in besonderen Bedarfs- und Lebenslagen (Krankheit, Behinderung, Wohnungslosigkeit etc.) Hilfen zur Verfügung zu stellen. Es ist Aufgabe der Sozialhilfe *„den Leistungsberechtigten die Führung eines Lebens zu ermöglichen, das der Würde des Menschen entspricht. Die Leistung soll sie so weit wie möglich befähigen, unabhängig von ihr zu leben; darauf haben auch die Leistungsberechtigten nach ihren Kräften hinzuarbeiten. Zur Erreichung dieser Ziele haben die Leistungsberechtigten und die*

3.4 Sozialhilfe SGB XII

Träger der Sozialhilfe im Rahmen ihrer Rechte und Pflichten zusammenzuwirken" (§ 1 SGB XII (2)).

Die Sozialhilfe richtet sich nach der individuellen Notlage des Einzelnen (Prinzip der Individualisierung) und wird zur Deckung eines konkreten Bedarfs geleistet (Bedarfsdeckungsprinzip). Sie ist unabhängig davon, ob der Hilfesuchende seine Notlage verschuldet hat oder nicht (Finalprinzip). Art, Form und Maß der Hilfe richtet sich nach den Besonderheiten des Einzelfalls. Sozialhilfe erhält nicht, wer sich selbst helfen kann oder die notwendige Hilfe von dritter Seite, zum Beispiel von unterhaltspflichtigen Angehörigen oder anderen Sozialleistungsträgern, erhalten kann (Grundsatz des Nachranges der Sozialhilfe § 2 SGB XII). Die Einkommens- und Vermögensverhältnisse werden bei der Sozialhilfe angerechnet (§§ 85-89 SGB XII).

Zuständig sind wie im Bereich des SGB VIII die örtlichen (kreisfreien Städte und Kreise) und überörtlichen Träger (Länder: Landessozialamt, Landschaftsverbände etc.) Überörtliche Träger sind vor allem im ausgabenintensiven Bereich der Eingliederungshilfe für Menschen mit Behinderung zuständig. Welche Leistung von welchem Träger gewährt wird, ist mitunter von Bundesland zu Bundesland unterschiedlich geregelt.

Auch im SGB XII ist wie im SGB VIII der Nachrang der öffentlich-rechtlichen Gebietskörperschaften festgeschrieben: *„Wird die Hilfe im Einzelfall durch die freie Wohlfahrtspflege gewährleistet, sollen die Träger der Sozialhilfe von der Durchführung eigener Maßnahmen absehen; dies gilt nicht für die Gewährung von Geldleistungen"* (§ 5 (4) SGB XII).

3.4.1 Leistungen

Aufgrund des Nachrangprinzips der öffentlich-rechtlichen Gebietskörperschaften können freie Träger eine Finanzierung für Leistungen erhalten. Vorrang haben ambulante vor teilstationären und teilstationäre vor stationären Leistungen (§ 13 (1) SGB XII) und Leistungen zur Prävention und Rehabilitation (§ 14 SGB XII). Leistungen können auch vorbeugend erfolgen, um Notlagen abzuwenden (§ 15 SGB XII)

Die Fülle der **Leistungen** kann an dieser Stelle nicht vollständig dargestellt werden. Stattdessen werden exemplarisch einige Leistungen erläutert.

Abb. 3.10 Nettoausgaben der Sozialhilfe
Quelle Statistisches Bundesamt, Wiesbaden 2014, https://www.destatis.de/DE/ZahlenFakten/
GesellschaftStaat/Soziales/_Grafik/Nettoausgaben_Sozialhilfe.png%3F__blob%3Dposter
(Zugriff 1.8.2015)

Eingliederungshilfe für Menschen mit Behinderungen

Die Eingliederungshilfe für Menschen mit Behinderungen ist der größte Posten unter den Hilfearten der Sozialhilfe:

> „Aufgabe der Eingliederungshilfe ist es, eine drohende *Behinderung zu verhüten oder eine Behinderung oder deren Folgen zu beseitigen oder zu mildern und die behinderten Menschen in die Gesellschaft einzugliedern. Hierzu gehört insbesondere, den behinderten Menschen die Teilnahme am Leben in der Gemeinschaft zu ermöglichen oder zu erleichtern, ihnen die Ausübung eines angemessenen Berufs oder einer sonstigen angemessenen Tätigkeit zu ermöglichen oder sie so weit wie möglich unabhängig von Pflege zu machen"* (§ 53 (3)).

Für stationäre Einrichtungen der Behindertenhilfe sind insbesondere die überörtlichen Sozialhilfeträger von Bedeutung.

§ 54 SGB XII Leistungen der Eingliederungshilfe

(1) Leistungen der Eingliederungshilfe sind neben den Leistungen nach den §§ 26, 33, 41 und 55 des Neunten Buches insbesondere

1. Hilfen zu einer angemessenen Schulbildung, insbesondere im Rahmen der allgemeinen Schulpflicht und zum Besuch weiterführender Schulen einschließlich der Vorbereitung hierzu; die Bestimmungen über die Ermöglichung der Schulbildung im Rahmen der allgemeinen Schulpflicht bleiben unberührt,
2. Hilfe zur schulischen Ausbildung für einen angemessenen Beruf einschließlich des Besuchs einer Hochschule,
3. Hilfe zur Ausbildung für eine sonstige angemessene Tätigkeit,
4. Hilfe in vergleichbaren sonstigen Beschäftigungsstätten nach § 56,
5. nachgehende Hilfe zur Sicherung der Wirksamkeit der ärztlichen und ärztlich verordneten Leistungen und zur Sicherung der Teilhabe der behinderten Menschen am Arbeitsleben.

Die Leistungen zur medizinischen Rehabilitation und zur Teilhabe am Arbeitsleben entsprechen jeweils den Rehabilitationsleistungen der gesetzlichen Krankenversicherung oder der Bundesagentur für Arbeit.

(2) Erhalten behinderte oder von einer Behinderung bedrohte Menschen in einer stationären Einrichtung Leistungen der Eingliederungshilfe, können ihnen oder ihren Angehörigen zum gegenseitigen Besuch Beihilfen geleistet werden, soweit es im Einzelfall erforderlich ist.

(3) Eine Leistung der Eingliederungshilfe ist auch die Hilfe für die Betreuung in einer Pflegefamilie, soweit eine geeignete Pflegeperson Kinder und Jugendliche über Tag und Nacht in ihrem Haushalt versorgt und dadurch der Aufenthalt in einer vollstationären Einrichtung der Behindertenhilfe vermieden oder beendet werden kann. Die Pflegeperson bedarf einer Erlaubnis nach § 44 des Achten Buches. Diese Regelung tritt am 31. Dezember 2018 außer Kraft.

Trägerübergreifendes Persönliches Budget

Die Leistungen der Eingliederungshilfe können auch als Teil eines trägerübergreifenden Persönlichen Budgets erfolgen (§ 57 SGB XII).

Hilfe zur Pflege

Nach der Eingliederungshilfe und der Grundsicherung im Alter, sind die Beträge für die „Hilfe zur Pflege" der drittumfangreichste Posten der Sozialhilfe (siehe Abb. 3.10) und neben der Pflegeversicherung die wichtigste Finanzierungsquelle für Sozialstationen und Pflegedienste.

Die Sozialhilfeträger können Gelder für Menschen zur Verfügung stellen, *„die wegen einer körperlichen, geistigen oder seelischen Krankheit oder Behinderung ... in erheblichem oder höherem Maße der Hilfe bedürfen"* (§ 61 (1) SGB XII) und die keine entsprechenden Leistungen nach anderen Rechtsvorschriften erhalten (§ 66 (1) SGB XII). Also für Personen, die z. B. nicht in der Pflegeversicherung versichert sind. Der Inhalt der Leistungen bestimmt sich nach den Regelungen der Pflegeversicherung (vgl. Kap 3.3).

Trägerübergreifendes Persönliches Budget

Die Hilfe zur Pflege kann auf Antrag auch als Teil eines trägerübergreifenden Persönlichen Budgets erbracht werden.

Altenhilfe

Nach den Ausgaben für die Behindertenhilfe und die Pflege ist als drittgrößter Posten der Sozialhilfe „die Grundsicherung im Alter" zu nennen.

Auch soziale Einrichtungen und Dienste, die im Bereich der Altenhilfe tätig sind, können finanziert werden, z. B. wenn sie Beratungs- und Unterstützungsleistungen erbringen:

- zu einer Betätigung und zum gesellschaftlichen Engagement für alte Menschen
- bei der Beschaffung und zur Erhaltung einer Wohnung, die den Bedürfnissen des alten Menschen entspricht,
- in allen Fragen der Aufnahme in eine Einrichtung, die der Betreuung alter Menschen dient, insbesondere bei der Beschaffung eines geeigneten Heimplatzes,
- in allen Fragen der Inanspruchnahme altersgerechter Dienste,
- zum Besuch von Veranstaltungen oder Einrichtungen, die der Geselligkeit, der Unterhaltung, der Bildung oder den kulturellen Bedürfnissen alter Menschen dienen,
- die alten Menschen die Verbindung mit nahestehenden Personen ermöglichen (§ 71 SGB XII).

3.4 Sozialhilfe SGB XII

Im Gegensatz zu anderen Leistungen der Sozialhilfe können diese Leistungen ohne Rücksicht auf Einkommen und Vermögen erbracht werden (§ 71 (4) SGB XII).

Beratung und Unterstützung

Soziale Einrichtungen und Dienste wie z. B. Sozialberatungsstellen für Schuldner oder andere Fachberatungsstellen, die Leistungsberechtigte beraten und unterstützen, können finanziert werden. *„Die Beratung betrifft die persönliche Situation, den Bedarf sowie die eigenen Kräfte und Mittel sowie die mögliche Stärkung der Selbsthilfe zur aktiven Teilnahme am Leben in der Gemeinschaft und zur Überwindung der Notlage. Die aktive Teilnahme am Leben in der Gemeinschaft umfasst auch ein gesellschaftliches Engagement. Zur Überwindung der Notlage gehört auch, die Leistungsberechtigten für den Erhalt von Sozialleistungen zu befähigen. Die Beratung umfasst auch eine gebotene Budgetberatung"* (§ 11 (2) SGB XII).

Hilfe zur Überwindung besonderer Schwierigkeiten

§ 67 ff SGB XII ist die Rechtsgrundlage für die Finanzierung von Unterstützungsleistungen für Personen, bei denen besondere Lebensverhältnisse mit sozialen Schwierigkeiten verbunden sind. Ihnen sollen *„Maßnahmen gewährt werden, die notwendig sind, um die Schwierigkeiten abzuwenden, zu beseitigen, zu mildern oder ihre Verschlimmerung zu verhüten"* (§ 68 (1) SGB XII), so der Gesetzestext. Im Unterschied zu anderen Leistungen der Sozialhilfe wird diese Leistung ohne Berücksichtigung von Einkommen und Vermögen erbracht (§ 68 (2) SGB XII).

Personengruppen sind Menschen, bei denen besondere Lebensverhältnisse mit sozialen Schwierigkeiten verbunden sind (§ 67 SGB VIII). Hierzu gehören Obdachlose, Nichtsesshafte, Strafgefangene oder Verhaltensgestörte.

Beispiel

Beratungsstelle für Frauen in besonderen Lebenslagen – Bielefeld
Träger der Beratungsstelle für Frauen in besonderen Lebenslagen sind die von Bodelschwinghschen Stiftungen Bethel.

Zielgruppe:
Wohnungslose und von Wohnungsverlust bedrohte Frauen, sowie Frauen, die in unzumutbaren Wohnverhältnissen leben.

Hilfeangebot:
- Klärung des individuellen Hilfebedarfs
- Information über die zur Bedarfsdeckung in Betracht kommenden Möglichkeiten
- Beratung und Unterstützung bezogen auf Mängellagen in den Lebensbereichen Wohnen, Einkommen, finanzielle Situation, Schulden, Arbeit/ Ausbildung, Gesundheit, soziale Beziehungen
- Erreichbarkeitsadresse
- Organisation von Notunterbringung in akuten Fällen
- Beratung und Unterstützung bei der Wohnungssuche
- Hilfen zum Erhalt der Wohnung
- Vermittlung geeigneter weiterführender Hilfen
- Aufsuchende Hilfe
- Aufenthaltsmöglichkeit
- Praktische Hilfen zur Alltagsbewältigung (Möglichkeiten der Körper- und Wäschepflege, Schließfächer, Vorhalten von Tageszeitungen, Telefon)

Quelle: https://www.bielefeld.de/ftp/dokumente/Frauenhandbuch0814.pdf. (Zugriff: 11.04.16)

Bildungs- und Teilhabeleistungen

Ein recht neues Arbeitsfeld sind Bildungs- und Teilhabeleistungen, wie z. B. „schulische Angebote ergänzende Lernförderungen" für bedürftige Schülerinnen und Schüler (§ 34 SGB XII). Die Vergütungen erfolgen in der Regel in Form von personalisierten Gutscheinen oder Direktzahlungen an die Leistungsanbieter (siehe auch S. 44, 45).

3.4.2 Abschluss von Vereinbarungen

Leistungsentgelte

Das SGB XII sieht Leistungsvereinbarungen vor, auf deren Grundlage Leistungsentgelte gezahlt werden können. Um sicherzustellen, dass die Leistungen ausreichend, zweckmäßig und wirtschaftlich sind und das Maß des Notwendigen nicht überschreiten, sollen im SGB XII zwischen Leistungserbringern und Kostenträgern neben Leistungs- und Vergütungs- auch Prüfvereinbarungen abgeschlossen werden (§ 75 (3) SGB XII).

3.4 Sozialhilfe SGB XII

Besonderheiten im Dreiecksverhältnis

Das Dreiecksverhältnis der Leistungserbringung im Zusammenhang mit dem SGB XII beschreibt nicht den idealtypischen Fall, dass der Leistungsberechtigte die Leistung unmittelbar beim freien Träger erwirbt und die entstehenden Kosten vom Sozialleistungsträger erstattet bekommt. Eine derartige „Selbstbeschaffung" der Sozialleistung durch den Klienten ist nach dem Sozialhilferecht grundsätzlich nicht möglich.

Die Kostenerstattung an die Einrichtung für den Zeitraum vor der Kenntnisnahme des öffentlichen Trägers ist nicht möglich. Nicht das privatrechtliche Verhältnis des Hilfesuchenden zur freien Einrichtung ist Grundlage der Leistungsabwicklung, sondern die Beziehung zwischen der Einrichtung und dem öffentlichen Träger. Die Voraussetzung zur Kostenerstattung ist nicht der Rechtsanspruch des Hilfeempfängers, sondern die Kostenübernahme des Sozialleistungsträgers durch Bewilligungsbescheid (begünstigender Sozialverwaltungsakt).

Landesrahmenverträge

Auf Landesebene werden Rahmenverträge abgeschlossen, um die Rahmenbedingungen von Leistungen hinsichtlich entsprechender Vergütungs-, Qualitäts- und Prüfungsfragen sowie Fragen zu Organisation und Verfahren zu regeln. Ziel ist es, Leistungsanbieter relativ einheitlich zu behandeln und Bevorzugungen und Benachteiligungen am Markt auszuschließen. Mit den Spitzenverbänden und den öffentlichen Kostenträgern wird die Regelungstiefe der Verträge vereinbart. Kostenträger und Leistungserbringer bekommen somit eine Hilfestellung und Orientierung. In Landesrahmenverträgen werden die Grundprinzipien der Entgeltkalkulation unter Berücksichtigung der Leistungsfähigkeit, Wirtschaftlichkeit und Sparsamkeit vereinbart. Rahmenverträge sind Mustervorlagen für die angestrebten Entgeltverhandlungen. Landesrahmenverträge haben eine Leitfunktion für die Vereinbarung der Entgeltregelungen, doch müssen Leistungen laut SGB XII eindeutig bestimmt sein. Diese erfährt ihre Konkretisierung in Form einer Leistungsvereinbarung zwischen dem Träger eine Einrichtung und dem zuständigen Kostenträger.

3.5 Grundsicherung für Arbeitsuchende SGB II (Soziale Hilfe)

Ziel der Grundsicherung für Arbeitsuchende ist es, die Hilfebedürftigkeit erwerbsfähiger Personen ab 15 und unter 65 Jahren, insbesondere durch die Eingliederung in Arbeit zu beenden oder zu verringern. Das Gesetz regelt deshalb neben Unterstützungen zur Sicherung des Lebensunterhalts, Leistungen bei der Aufnahme bzw. Beibehaltung einer Erwerbstätigkeit (§ 1 (2) SGB II) und der Erhaltung, Verbesserung oder wieder Herstellung der Erwerbsfähigkeit (§ 1 (3) SGB II). Es werden vorrangig Maßnahmen gefördert, *„die die unmittelbare Aufnahme einer Erwerbstätigkeit ermöglichen"* (§ 3 (1) SGB II).

Seit Einführung des Gesetzes sind die Arbeitslosenzahlen stark gesunken, wie die folgenden Grafik verdeutlicht:

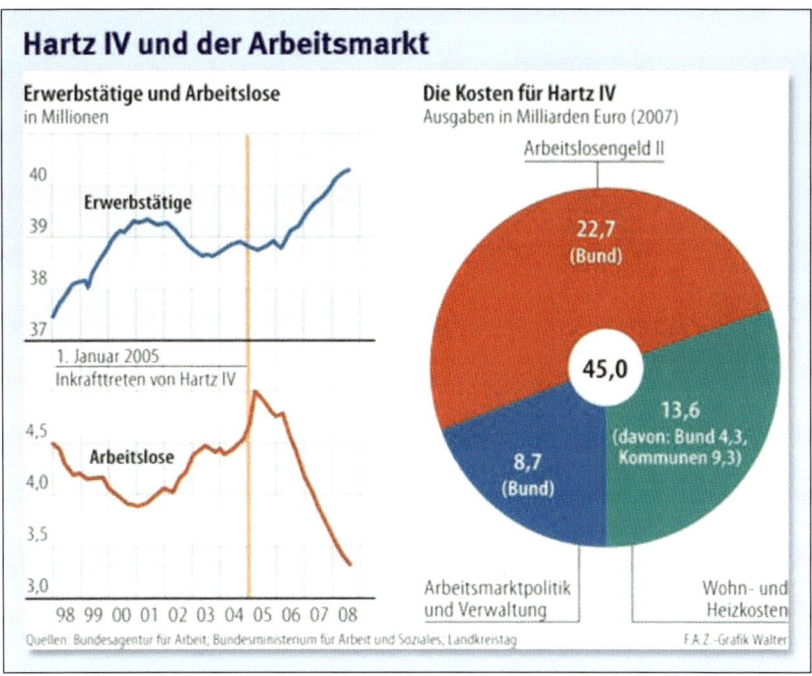

Abb. 3.11 Hartz IV und der Arbeitsmarkt (Frankfurter Allgemeine Zeitung (FAZ) vom 2.9.2008)

Träger der Grundsicherung für Arbeitsuchende sind die Bundesagentur für Arbeit und die Landkreise und kreisfreien Städte. Sie betreiben gemeinsam örtliche Jobcenter. (Als Ausnahme nehmen (2015) 105 Optionskommunen die Aufgaben alleine wahr.) Zu den Aufgaben der Jobcenter gehört die Arbeitsvermittlung. Die Ausbildungsvermittlung für hilfebedürftige Jugendliche ist eine Pflichtleistung.

Da die Jobcenter keine eigenen Einrichtungen und Dienste neu schaffen sollen, *„soweit geeignete Einrichtungen und Dienste Dritter vorhanden sind, ausgebaut oder in Kürze geschaffen werden können"* (§ 17 (1) und da die Träger der Grundsicherung für Arbeitsuchende *„Träger der freien Wohlfahrtspflege in ihrer Tätigkeit auf dem Gebiet der Grundsicherung für Arbeitsuchende angemessen unterstützen"* (§ 17 (1) SGB II) sollen, werden auch soziale Einrichtungen und Dienste durch die Jobcenter finanziert.

3.5.1 Leistungen

Eingliederungsleistungen

Die Jobcenter unterstützen erwerbsfähige Leistungsberechtigte bei der Eingliederung in das Erwerbsleben (§ 14 SGB II). Der Einsatz der Arbeitskraft zur Erzielung von Einkommen steht im Mittelpunkt. Zu den Eingliederungsleistungen gehören Maßnahmen, wie z. B.:

- Beratung und Vermittlung,
- Aktivierung und berufliche Eingliederung,
- Berufsausbildung und berufliche Weiterbildung einschließlich des Nachholens des Hauptschulabschlusses,
- Aufnahme einer sozialversicherungspflichtigen Beschäftigung,
- Teilhabe am Arbeitsleben (§ 16 SGB II),

die sich nach den Bestimmungen des SGB III richten (vgl. Kap. 3.1). Kostenträger sind bei Anspruchsberechtigten der Grundsicherung für Arbeitsuchende, die Jobcenter. Daneben sieht das SGB II:

- kommunale Eingliederungsleistungen (§ 16 a), (Kinderbetreuung, häusliche Pflege von Angehörige, psychosoziale Betreuung, Sucht- und Schuldnerberatung).
- Leistungen zur Eingliederung von Selbstständigen (§ 16 c), (Unter bestimmten Rahmenbedingungen kann Arbeitslosengeld II und ein zusätzliches Einstiegsgeld für maximal 24 Monate gezahlt werden.)

- Arbeitsgelegenheiten (§ 16 d) (Es können die Personalkosten für Arbeitsgelegenheiten für Leistungsberechtigte übernommen werden, bei denen eine unmittelbare Integration in den allgemeinen Arbeitsmarkt nicht möglich ist. Die Leistungsberechtigten erhalten zuzüglich zum Arbeitslosengeld II eine Entschädigung für Mehraufwendungen.) und
- die Förderung von Arbeitsverhältnissen (§ 16 e) vor.

Beispiel

Ökoprojekt der Caritas Betzdorf

Das Ökoprojekt der Caritas Betzdorf bietet Arbeitsgelegenheiten (1 €-Jobs) für langzeitarbeitslose Menschen. Die fachlichen Aufgaben des Projektes sind Arbeiten auf dem Gebiet des Natur-, Arten- und Umweltschutzes. Es handelt sich um notwendige und sinnvolle Tätigkeiten, für die die öffentliche Hand aber keine Mittel bereitstellt und die die Arbeitskapazitäten der traditionellen Umweltschutzverbände mit ihren zumeist ehrenamtlichen Helfern und deren gelegentlichem Einsatz an Wochenenden übersteigt. Hierzu gehören insbesondere Pflegearbeiten in den Natur- und Landschaftsschutzgebieten, auf anderen ökologisch wertvollen Flächen, sowie ebenfalls Biotopgestaltung. Der Zugang zum Ökoprojekt erfolgt für die Teilnehmer über eine Zuweisung des zuständigen Arbeitsamts.

Quelle: http://www.caritas-betzdorf.de/beitraege/oekoprojekt/326182. (Zugriff 23.02.16)

Bildungs- und Teilhabeleistungen

2012 leben in Deutschland 1,87 Millionen Kinder unter 18 Jahren in sogenannten „Bedarfsgemeinschaften" insbesondere mit Alleinerziehenden. („In 625.000 Alleinerziehende-Bedarfsgemeinschaften lebten 2012, 952.000 (unverheiratete) Kinder unter 18 Jahren." (Bundesagentur für Arbeit 2013, 4). Sie erhalten Bildungs- und Teilhabeleistungen für:

- Schulausflüge und mehrtägige Klassen- und Kitafahrten,
- Ausstattung mit persönlichem Schulbedarf i. H. v. 70 Euro zum 1. August und 30 Euro zum 1. Februar eines jeden Jahres,
- Aufwendungen für die Schülerbeförderung, soweit sie erforderlich sind und nicht bereits von Dritten getragen werden,
- schulische Angebote ergänzende Lernförderung unter bestimmten Voraussetzungen,

3.5 Grundsicherung für Arbeitsuchende SGB II

- Mehrkosten für ein gemeinschaftliches Schul- oder Kitamittagessen und
- ein monatliches Budget zur Teilhabe am sozialen und kulturellen Leben im Wert von bis zu 10 Euro bis zum 18. Lebensjahr (§ 28 ff. SGB II).

Die Vergütungen erfolgen (wie im SGB XII) in der Regel in Form von personalisierten Gutscheinen oder als Direktzahlungen an die Leistungsanbieter (§ 29 SGB II). Tabelle 3.2 gibt eine Übersicht über die aktuell vorhandenen Leistungen und die Voraussetzungen unter denen diese zu beantragen sind.

Tab. 3.2 Bildungs- und Teilhabeleistungen im Überblick (https://www.grefrath.de/de/inhalt/bildungs-und-teilhabepaket/&nidl (Zugriff: 22.03.16)

	Kinder in Kindertageseinrichtungen	Schüler/ Schülerinnen unter 25 Jahre	Kinder und Jugendliche bis unter 18 Jahre	Betrag	Voraussetzungen	Verfahren
Schulbedarf		X		100€ pro Schuljahr	Besuch einer allgemein-/ berufsausbildenden Schule	ohne Antrag
Ausflüge und mehrtägige Klassenfahrten	X	X		Gesamtkosten	Initiiert durch die Schule oder Kita	auf Antrag
Schülerbeförderungsfahrten zur Schule		X		Kosten, die nicht durch den Schulträger und den Regelbedarf gedeckt sind	Besuch einer allgemein-/ berufsausbildenden Schule	auf Antrag
Lernförderungen/ Nachhilfe		X		angemessene ortsübliche Kosten in voller Höhe	Bescheinigung der Schule über Notwendigkeit der Förderung	auf Antrag
Mittagessen	X	X		Gesamtkosten	Angebot der Schule/ Kita	auf Antrag
Teilhabe an Sport und Kultur			X	10€ pro Monat	Kinder und Jugendliche bis unter 18 Jahre	auf Antrag

3.5.2 Abschluss von Vereinbarungen

Wie in anderen Leistungsgesetzen wird auch im SGB II der Abschluss von Leistungs- (Inhalt, Umfang und Qualität der Leistungen) Vergütungs- (Pauschalen und Beträge für einzelne Leistungsbereiche) und Prüfvereinbarungen (Wirtschaftlichkeit und Qualität) gefordert.

Maßnahmen der Eingliederung werden durch regionalen Einkaufszentren (REZ) ausgeschrieben. Die Vergabe erfolgt auf Grundlage der Vergabe- und Vertragsordnung für Leistungen, Teil A (VOL/A).

3.6 Kinder- und Jugendhilfe SGB VIII (Soziale Hilfe)

Die Leistungen der Jugendhilfe werden von öffentlichen und freien Trägern erbracht (§ 3 SGB VIII), wobei die freien Träger den größten Teil erbringen. Dieses ist vom Gesetzgeber so gewollt. So heißt es in § 4 (2) SGB VIII *„Soweit geeignete Einrichtungen, Dienste und Veranstaltungen von anerkannten Trägern der freien Jugendhilfe betrieben werden oder rechtzeitig geschaffen werden können, soll die öffentliche Jugendhilfe von eigenen Maßnahmen absehen."*

Die Träger der öffentlichen Jugendhilfe sollen einen freien Träger fördern, wenn er:

„1. die fachlichen Voraussetzungen für die geplante Maßnahme erfüllt und die Beachtung der Grundsätze und Maßstäbe der Qualitätsentwicklung und Qualitätssicherung nach § 79a gewährleistet,
2. die Gewähr für eine zwecksentsprechende und wirtschaftliche Verwendung der Mittel bietet,
3. gemeinnützige Ziele verfolgt,
4. eine angemessene Eigenleistung erbringt und
5. die Gewähr für eine den Zielen des Grundgesetzes förderliche Arbeit bietet ... "(§ 74 (1) SGB VIII).

Wenn ein freier Träger auf Dauer gefördert werden will, muss er als Träger der freien Jugendhilfe anerkannt sein.

3.6.1 Leistungen

Auf Grund der im zweiten Kapitel des SGB VIII aufgeführten Leistungen der Jugendhilfe ergeben sich vielfältige Finanzierungsmöglichkeiten für freie anerkannte Träger der Jugendhilfe in folgenden Arbeitsfeldern:

3.6 Kinder- und Jugendhilfe SGB VIII

Jugendarbeit, Jugendsozialarbeit und der erzieherische Kinder- und Jugendschutz

Freie Träger, die z. B.:

> „1. außerschulische Jugendbildung mit allgemeiner, politischer, sozialer, gesundheitlicher, kultureller, naturkundlicher und technischer Bildung,
> 2. Jugendarbeit in Sport, Spiel und Geselligkeit,
> 3. arbeitswelt-, schul- und familienbezogene Jugendarbeit,
> 4. internationale Jugendarbeit,
> 5. Kinder- und Jugenderholung,
> 6. Jugendberatung" (§ 11 (3) SGB 11)

anbieten, können gefördert werden.

Auch Träger der Jugendsozialarbeit, die z. B. sozialpädagogische Hilfen bei der schulischen und beruflichen Ausbildung für sozial benachteiligte oder individuell beeinträchtigte junge Menschen anbieten (§ 13 SGB VIII) können Mittel erhalten. Zu nennen ist auch der erzieherische Kinder- und Jugendschutz zur Förderung der Kritikfähigkeit und Eigenverantwortlichkeit, z. B. im Umgang mit Gefahren wie Drogen etc. (§ 14 SGB VIII).

Förderung der Erziehung in der Familie

Hierzu gehören Beratungen von Eltern in Erziehungsfragen (§ 16 SGB VIII), die Unterstützung in bestimmten Problemlagen (z. B. Trennung der Eltern, § 17 SGB VIII) und Unterstützungen für allein Erziehende (§§ 18 und 19 SGB VIII). Weiterhin sind Hilfen in Notsituationen, z. B. bei Krankheit der Eltern, möglich (§ 20 SGB VIII).

Förderung von Kindern in Tageseinrichtungen und in Tagespflege

Die Finanzierung von Tageseinrichtungen (Krippen und Kindertagesstätten) und Kindertagespflege in Privataushalten erfolgt auf der Grundlage der §§ 22 ff. SGB VIII. Kinder haben ab Vollendung des dritten Lebensjahres einen Rechtsanspruch auf einen Kitaplatz und unter bestimmten Voraussetzungen ab dem ersten Lebensjahr einen Anspruch auf einen Krippenplatz oder auf Kindertagespflege (§ 24 SGB VIII). Die Versorgungsquoten der Kinderbetreuung unter drei Jahren (im Jahr 2012) sind regional noch sehr unterschiedlich, wie in der folgenden Grafik gezeigt wird.

Abb. 3.12 Kinderbetreuung unter drei Jahren im Jahr 2012 (Informationsdienst der deutschen Wirtschaft,http://www.iwkoeln.de/_storage/asset/114750/storage/iwm:image-zoom/file/2886350/01562091.jpg (Zugriff 1.8.2015)

Hilfe zur Erziehung und ergänzende Leistungen

Es gibt in Deutschland mehr als 1000 Erziehungsberatungsstellen die „*Kinder, Jugendliche, Eltern und andere Erziehungsberechtigte bei der Klärung und Bewältigung individueller und familienbezogener Probleme und der zugrundeliegenden Faktoren, bei der Lösung von Erziehungsfragen sowie bei Trennung und Scheidung unterstützen*" (§ 28 SGB VIII) sollen. Ein Schwerpunkt ist neben der Beratung bei Trennung und Scheidung, die Beratung von Alleinerziehenden und die Erziehungsberatung bei auffälligem Sozialverhalten von Kindern. Auf der Basis des § 31 SGB VIII können soziale Einrichtungen finanziert werden, die sozialpädagogische Familienhilfe anbieten. Weitere wichtige Felder sind die zeitlich befristete oder auf Dauer angelegte Vollzeitpflege (§ 33 SGB VIII) und Heimerziehungen oder sonstige betreute Wohnformen (§ 34 SGB VIII) für bedürftige Kinder und Jugendliche. Auch Einrichtungen die intensive sozialpädagogische Einzelbetreuung für Jugendliche

3.6 Kinder- und Jugendhilfe SGB VIII

anbieten, *"die einer intensiven Unterstützung zur sozialen Integration und zu einer eigenverantwortlichen Lebensführung bedürfen"* (§ 35 SGB VIII) können auf Grund der Regelungen der Kinder und Jugendhilfe finanziert werden.

Beispiel

LebensWelt gGmbH Berlin
Der gemeinnützige, interkulturelle Träger LebensWelt wurde 1999 gegründet und ist hauptsächlich in der ambulanten Kinder- und Jugendhilfe und der Eingliederungshilfe in Berlin tätig.

LebensWelt bietet sozialpädagogische Unterstützung und Betreuung für Kinder, Jugendliche und ihre Familien – im Schwerpunkt mit Migrationshintergrund – zur Bewältigung von Krisen, von Erziehungsschwierigkeiten sowie von Alltagsproblemen.

Das Angebot umfasst u. a. sozialpädagogische Familienhilfe, Begleiteten Umgang, Intensive sozialpädagogische Einzelbetreuung, Soziale Gruppenarbeit, Interkulturelle Straffälligenhilfe, Schulsozialarbeit, Integrationskurse, Eingliederungshilfe für Menschen mit Behinderungen, Betreutes Wohnen, Kindertageseinrichtungen und eine Jugendfreizeiteinrichtung. In Kooperation mit anderen freien Trägern führt LebensWelt Projekte durch wie z. B. *2. Chance – ein Projekt gegen Schulverweigerung, wellcome – Frühe Hilfen nach der Geburt* und die *Trinationale Fortbildung* (mit Kooperationspartnern aus Frankreich und der Türkei).

Quelle: http://www.lebenswelt-berlin.de. (Zugriff: 16.03.16)

Hilfe für seelisch behinderte Kinder und Jugendliche und ergänzende Leistungen

Seelisch behinderte Kinder und Jugendliche haben einen Anspruch auf Eingliederungshilfe (§ 35a SGB VIII). Die Hilfe wird ambulant in Kindertagesstätten *"oder in anderen teilstationären Einrichtungen und in Einrichtungen über Tag und Nacht sowie sonstigen Wohnformen geleistet"* (§ 35a (2) SGB VIII).

3.6.2 Abschluss von Vereinbarungen

Anders als im SGB XII wird in der Kinder- und Jugendhilfe keine generelle Pauschalisierung der Leistungen verlangt. Hier geht es um differenzierte Entgelte und Leistungsangebote.

§ 77 SGB VIII verweist auf den Abschluss von Vereinbarungen über die vom öffentlichen Träger zu übernehmenden Kosten. Grundlage für die Entgeltvereinbarungen sind Leistungs- Entgelt- und Qualitätsentwicklungsvereinbarungen (§ 78 b SGB VIII). Es wird dasjenige Entgelt vereinbart, das notwendig ist, um die Einrichtung zu befähigen, die vereinbarte Leistung in der vereinbarten Qualität zur Deckung des Bedarfs der Leistungserbringer unter Berücksichtigung der Grundsätze der Wirtschaftlichkeit und Sparsamkeit zu erbringen.

§ 78 a SGB VIII fordert als Grundlage der Kostenerstattung den Abschluss von Leistungsvereinbarungen für

- die Betreuung und Unterbringung in sozialpädagogisch begleiteten Wohnformen,
- Leistungen in gemeinsamen Wohnformen für Mütter / Väter und Kinder,
- Leistungen zur Unterstützung bei notwendiger Unterbringung des Kindes oder Jugendlichen zur Erfüllung der Schulpflicht,
- Hilfe zur Erziehung (in Tagesgruppen, Heimen, betreuten Wohnformen oder sozialpädagogischer Einzelbetreuung),
- Eingliederungshilfen für seelisch behinderte Kinder und Jugendliche in stationären und teilstationären Einrichtungen etc.

In einer Leistungsvereinbarung handeln Kostenträger und Leistungserbringer aus, welche Leistung in welchem Umfang mit welchem Ziel erbracht wird und welche Qualitätsstandards einzuhalten sind. Eine Qualitätsbewertung, d. h., der Nachweis über die Erbringung der beschriebenen Qualität ist notwendig.

Die Einführung von Leistungsvereinbarungen hat die Trägerlandschaft in der Jugendhilfe verändert, denn auf der Grundlage der §§ 78 a – g SGB VIII (Vereinbarungen über Leistungsangebote, Entgelte und Qualitätsentwicklung) können nicht nur gemeinnützige, sondern auch gewinnorientierte freie Träger finanziert werden.

Besonderheiten im Dreiecksverhältnis

Ein Rechtsanspruch auf Erziehung nach § 1 (1) SGB VIII (Recht auf Erziehung, Elternverantwortung, Jugendhilfe) existiert nicht, weil die Bestimmung lediglich die „*Funktion einer Generalklausel und Leitnorm habe, aus der ein unmittelbarer Anspruch auf ein Tätigwerden der öffentlichen Jugendhilfe nicht hergeleitet werden könne*" (Neumann 1992, 219). Ein Rechtsanspruch ergibt sich hingegen aus § 27 SGB VIII (Neumann 1992, 219). Er beschreibt die Grundnorm zur Hilfe zur Erziehung. Die Voraussetzung für den Anspruch ist gegeben, wenn eine dem Wohle des Minderjährigen entsprechende Erziehung nicht gewährleistet ist und die angebotene Hilfe für seine Entwicklung geeignet und notwendig ist. Inhaber des Rechtsanspruchs ist der Personensorgeberechtigte. Auch auf Förderung von Kindern in Tageseinrichtungen besteht ein Anspruch ab Vollendung des dritten Lebensjahrs (§ 24 (3) SGB VIII). Ab Vollendung des ersten Lebensjahr besteht ein Anspruch auf Förderung in einer Einrichtung oder in Kindertagespflege, wenn die Leistung „*für die Entwicklung zu einer eigenverantwortlichen und gemeinschaftsfähigen Persönlichkeit geboten ist oder die Erziehungsberechtigten einer Erwerbstätigkeit nachgehen, eine Erwerbstätigkeit aufnehmen oder Arbeit suchend sind, sich in einer beruflichen Bildungsmaßnahme, in der Schulausbildung oder Hochschulausbildung befinden oder Leistungen zur Eingliederung in Arbeit .. erhalten*" (§ 24 ff SGB (1) VIII).

Ein Rechtsanspruch auf Förderung der freien Jugendhilfe existiert nicht (§ 74 SGB VIII). Es handelt sich um Rechtsbestimmungen, bei denen bei Vorliegen der Voraussetzungen die Leistung erbracht werden soll. Das bedeutet, dass die Leistung im Regelfall zu erbringen ist. Im Fall der Nichtleistung muss eine zwingende Begründung vorliegen. Beweispflichtig ist der öffentliche Träger.

Nach § 74 SGB VIII entscheidet der öffentliche Träger nach pflichtgemäßem Ermessen über eine Förderung. Die freien Träger haben somit einen Anspruch auf fehlerfreie Ermessensausübung, die sich im Wesentlichen auf folgende Kriterien bezieht:

- § 74 (3) SGB VIII verlangt die **Eignung der Maßnahme**. Dies ist eine Voraussetzung, um überhaupt förderungsfähig zu sein.
- Wurde der **Gleichheitsgrundsatz** beachtet? (§ 74 (5) SGB VIII)
- § 74 (4) SGB VIII betont die **Orientierung an den Interessen der Betroffenen** als Kriterium der Ermessensentscheidung.

Rahmenverträge

Nach § 78 f. SGB VIII schließen die kommunalen Spitzenverbände auf Landesebene für die öffentlichen Leistungs- bzw. Kostenträger mit den Verbänden der Freien Jugendhilfe und den Vereinigungen sonstiger Leistungserbringer Rahmenverträge über den Inhalt der Vereinbarung nach § 78 b Abs. 1 SGB VIII ab, Art und Umfang der Regelungen in den Rahmenverträgen sind je nach Bundesland sehr verschieden.

3.7 Betreuungsrecht

Beim Gesetz zur Reform des Rechts der Vormundschaft und Pflegschaft für Volljährige (Betreuungsgesetz – BtG) handelt es sich um ein Artikelgesetz, d. h. durch das Betreuungsgesetz wurden rund 300 Paragraphen in ca. 50 Gesetzen geändert.

Der Schwerpunkt der Änderungen liegt im materiell-rechtlichen Teil des Bürgerlichen Gesetzbuches (BGB), in dessen viertem Buch (Familienrecht) das bisherige Kapitel über Vormundschaften für Volljährige gestrichen und durch die §§ 1896 bis 1908 BGB (materielles Betreuungsrecht) ersetzt wurde. Hier ist geregelt, welche Voraussetzungen für eine Betreuung gegeben sind (§ 1896 BGB), welche Rechte und Pflichten der Betreuer hat (§ 1897 BGB) und wie die Betreuung geführt wird (§ 1901 BGB). Außerdem wurden im BGB zahlreiche weitere Bestimmungen geändert, z. B. wurden der § 6 BGB (Entmündigung) und der § 1910 BGB (Gebrechlichkeitspflegschaft) gestrichen.

3.7.1 Voraussetzungen einer Betreuung

> Generelle Voraussetzung für die Anordnung einer Betreuung nach § 1896 BGB ist das Vorliegen einer psychischen Krankheit oder einer geistigen, seelischen oder körperlichen Behinderung, die dazu führt, dass der Betroffene seine Angelegenheiten nicht oder nicht mehr zu besorgen vermag (§ 1896 (1) BGB).

Dies bedeutet, dass eine Behinderung oder Krankheit allein kein Grund für die Anordnung einer Betreuung ist. Es müssen Angelegenheiten vorhanden sein, die die betroffene Person als Folge der Behinderung oder Krankheit nicht eigenständig besorgen kann. Weiterhin ist Voraussetzung, dass die Angelegenheiten, die für die betroffene Person besorgt werden müssen, nicht durch andere Hilfen, die ohne gesetzlichen Vertreter möglich sind, gleich gut erledigt werden können. Andere Hilfen können z. B. Familienangehörige oder soziale Dienste sein sowie von der betroffenen Person bevollmächtigte Dritte. Die Betreuung nach dem BGB ist somit nachrangig. Wenn jemand Angelegenheiten nicht mehr selbstständig besorgen kann (etwa seinen Haushalt nicht mehr führen, die Wohnung nicht mehr verlassen kann usw.), so rechtfertigt dies in der Regel nicht die Bestellung eines Betreuers. Hier wird es im Normalfall auf ganz praktische Hilfen ankommen, für die man keinen gesetzlichen Vertreter braucht.

3.7.2 Berufsbetreuer/-vormünder

Das Familiengericht trifft die Feststellung der Berufsmäßigkeit gemäß § 1836 (1) BB). *„Berufsmäßigkeit liegt im Regelfall vor, wenn 1. der Vormund mehr als zehn Vormundschaften führt oder 2. die für die Führung der Vormundschaft erforderliche Zeit voraussichtlich 20 Wochenstunden nicht unterschreitet"* (§ 1 (1) VBVG)).

3.7 Betreuungsrecht

Für die berufsmäßige Führung von Betreuungen gibt es kein gesetzlich vorgesehenes Berufsbild. Zwar waren in der Vergangenheit oft Rechtsanwälte als Berufsvormünder tätig, jedoch können sich auch andere Berufsgruppen (z. B. Sozialarbeiter) selbstständig machen, um Betreuungen berufsmäßig zu führen.

Die gerichtliche Feststellung, dass eine Person Berufsbetreuer ist, hat zur Folge, dass für diese Person ein Vergütungsanspruch nach § 1836 Abs. 2 BGB gegeben ist, anderenfalls kann ihm nur der Aufwendungsersatz zugebilligt werden.

3.7.3 Aufwendungsersatz

Der Betreuer hat Anspruch auf Ersatz der Aufwendungen aus dem Vermögen des Betreuten. Ist dieser mittellos, so hat er Anspruch auf Ersatz aus der Staatskasse (§ 1835 BGB). Die Bestimmung bezieht sich beispielsweise auf Fahrtkosten, Fotokopien, Telefongebühren u. ä. geringfügige Ausgaben. Betreuer können ohne Einzelnachweis eine Pauschale in Höhe des vierundzwanzigfachen Betrages des Stundenhöchstsatzes für die Zeugenentschädigung erhalten (§ 1835 a BGB).

3.7.4 Vergütung

Das Gesetz über die Vergütung von Vormündern und Betreuern (Vormünder- und Betreuervergütungsgesetz – VBVG) regelt detailliert die Vergütung von Betreuern. Die Grundvergütung beträgt 25 Euro pro Stunde, wenn der Betreuer eine abgeschlossene Lehre, oder 33,50 Euro pro Stunde, wenn er eine abgeschlossene Hochschulausbildung nachweisen kann (§ 3 (1) VBVG). Bei berufsmäßigen Betreuern beträgt die Vergütung 33,50 Euro, wenn der Betreuer eine abgeschlossene Lehre und 44 Euro pro Stunde, wenn er eine abgeschlossene Hochschulausbildung nachweisen kann (§ 4 (1) VBVG).

3.7.5 Stundenansatz

Auch der Zeitaufwand der für die Betreuung anzusetzen ist, wird im Vormünder- und Betreuervergütungsgesetz geregelt (§ 5 VGG):

„*(1) Der dem Betreuer zu vergütende Zeitaufwand ist
1. in den ersten drei Monaten der Betreuung mit fünfeinhalb,
2. im vierten bis sechsten Monat mit viereinhalb,
3. im siebten bis zwölften Monat mit vier,*

*4. danach mit zweieinhalb
Stunden im Monat anzusetzen.* Hat der Betreute seinen gewöhnlichen Aufenthalt nicht
in einem Heim, beträgt der Stundenansatz
*1. in den ersten drei Monaten der Betreuung achteinhalb,
2. im vierten bis sechsten Monat sieben,
3. im siebten bis zwölften Monat sechs,
4. danach viereinhalb Stunden im Monat.*

*(2) Ist der Betreute mittellos, beträgt der Stundenansatz
1. in den ersten drei Monaten der Betreuung viereinhalb,
2. im vierten bis sechsten Monat dreieinhalb,
3. im siebten bis zwölften Monat drei,
4. danach zwei
Stunden im Monat.* Hat der mittellose Betreute seinen gewöhnlichen Aufenthalt nicht
in einem Heim, beträgt der Stundenansatz
*1. in den ersten drei Monaten der Betreuung sieben,
2. im vierten bis sechsten Monat fünfeinhalb,
3. im siebten bis zwölften Monat fünf,
4. danach dreieinhalb Stunden im Monat"* (§ 5 VGG).

3.8 Finanzierung durch die europäischen Strukturfonds

Die Europäische Union ist u. a. eine Antwort auf wirtschaftliche Schwierigkeiten in den 1970er-Jahren, die auf zu beengte Märkte zurückgeführt wurden. Der damalige Begriff „Eurosklerose" drückt die Befürchtung aus, hinter Amerika und Japan zurückzufallen. Durch die europäische Union erfolgt eine Lockerung und Flexibilisierung der Kapital- und Arbeitsmärkte. Da sich die Wirtschaft zunehmend von nationalen Strukturen lossagt, bleibt als wichtigstes politisches Handlungsfeld die Sozialpolitik. Deshalb wird der Wohlfahrtsstaat zum wichtigsten Steuerungsfeld nationaler Politik. Die Mitgliedstaaten der EU wachen „eifersüchtig" darüber, dass ihr Sozialleistungsmonopol erhalten bleibt. Die Staaten erlauben es der EU nicht, eine Rolle in ihrer nationalen Sozialpolitik zu spielen, denn die Union solle den gemeinsamen Markt aufbauen, die Sozialpolitik sei aber Aufgabe der Nationalstaaten. So erhielten die Organe der Union umfassende Kompetenzen zur Regelung wirtschaftspolitischer Fragen, aber die Zuständigkeit für die Sozialpolitik blieb bei den Mitgliedsstaaten.

Es existiert kein europäisches Sozialrecht, das individuelle Leistungsansprüche gegenüber Brüssel begründet, und es werden keine Beiträge zu europäischen Sozialeinrichtungen gezahlt. In der Folge sind auch die Finanzierungsmöglichkeiten der EU wirtschaftspolitisch und nicht sozialpolitisch geprägt. Es geht

3.8 Finanzierung durch die europäischen Strukturfonds

um einen Ausgleich lokaler Unterschiede. Hierzu erfolgt eine Förderung durch Strukturfonds, die in den einzelnen Ländern operationalisiert werden. Nähere Informationen sind über die Bundesländer zu erhalten.

Baden-Württemberg:	http://www.baden-wuerttemberg.de/
Bayern:	http://www.bayern.de/
Berlin:	http://www.berlin.de/
Brandenburg:	http://www.brandenburg.de/
Bremen:	http://www.bremen.de/
Hamburg	http://www.hamburg.de/
Hessen:	http://www.hessen.de/
Mecklenburg-Vorpommern:	http://www.mecklenburg-vorpommern.de/
Niedersachsen:	http://www.niedersachsen.de/
Nordrhein-Westfalen:	http://www.nrw.de/
Rheinland-Pfalz:	http://www.rpl.de/
Saarland:	http://www.saarland.de/
Sachsen:	http://www.sachsen.de/
Sachsen-Anhalt:	http://www.sachsen-anhalt.de/
Schleswig-Holstein:	http://www.schleswig-holstein.de/
Thüringen:	http://www.thueringen.de/

Während in Deutschland auf Grund des klar geregelten Systems der sozialen Sicherung in erster Linie die Anspruchsberechtigung und der Verwendungsnachweis vorherrschen, hat sich in der EU das französische „Planifications"-Verständnis durchgesetzt, das nicht an individuellen rechtlich festgelegten und überprüfbaren Ansprüchen, sondern an Zielen orientiert ist. Wenn soziale Einrichtungen anschlussfähig sein und EU-Mittel in Anspruch nehmen wollen, müssen sie sich auf den Code des EU-Systems (Zielerreichung) einlassen.

Die aktuelle Förderperiode 2014-2020 richtet sich an fünf Kernzielen aus (Mitteilung der Kommission Europa 2020):

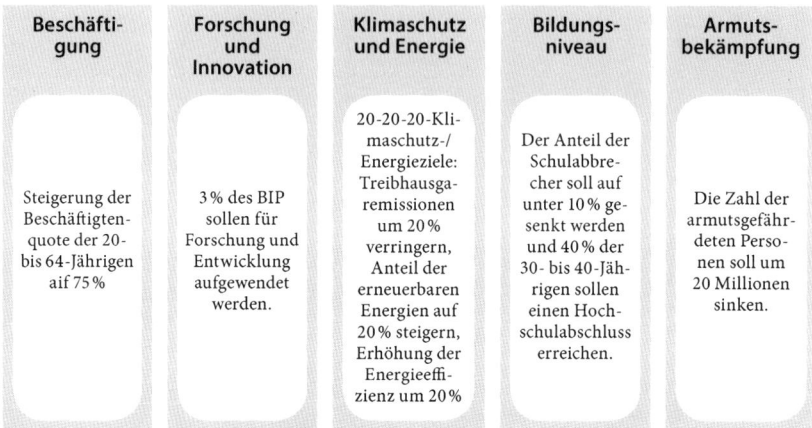

Abb. 3.13 Kernziele der Förderperiode 2014 – 2020 (eigene Darstellung)

Intendiert ist ein hohes Maß an Beschäftigung und Produktivität, dabei stehen insbesondere Jugendliche, Frauen, Ältere, Migranten und Langzeitarbeitslose im Fokus. So soll sich z. B. die Steigerung der Beschäftigung vornehmlich auf Jugendliche konzentrieren.

Strukturfonds

Um ihre Ziele zu erreichen, hat die EU die beiden Strukturfonds Europäischer Sozialfonds (ESF) und Europäischer Fonds für regionale Entwicklung (EFRE) und den Kohäsionsfonds[3] eingerichtet, die darauf abzielen, das Entwicklungsgefälle zwischen den Regionen zu verringern. Sie wirken damit auf die Stärkung des wirtschaftlichen und sozialen Zusammenhalts hin.

Deutschland erhält in der aktuelle Förderperiode Strukturfondsmittel in Höhe von ca. 19,3 Mrd. Euro, die sich wie folgt auf die Bundesländer und den Bund aufteilen:

---

3 Der Kohäsionsfonds unterstützt ausschließlich Vorhaben in den Bereichen Umwelt und transeuropäische Verkehrsnetze. Gefördert werden EU-Staaten, deren Pro-Kopf-Einkommen unter 90 Prozent des EU-Durchschnitts liegt. Deutschland erhält aus diesem Fonds keine Mittel. Er wird hier deshalb nicht vorgestellt.

3.8 Finanzierung durch die europäischen Strukturfonds

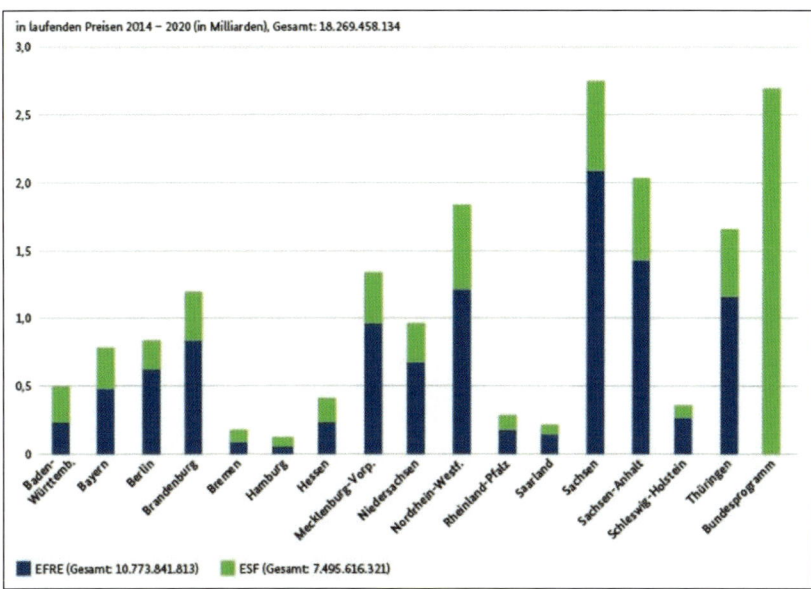

Abb. 3.14 Verteilung der Strukturfondsmittel auf den Bund und die Bundesländer (Quelle: Bundesministerium für Arbeit und Soziales, Europäischer Sozialfonds für Deutschland, http://www.esf.de/portal/DE/Foerderperiode-2014-2020/ESF-Bundes-OP/inhalt.html (Zugriff 01.08.15)

Ein Grundprinzip zur Inanspruchnahme der Fonds ist das **Prinzip der Zusätzlichkeit** (Verordnung (EG) Nr. 1260/1999 des Rates vom 21. Juni 1999, Amtsblatt der Europäischen Gemeinschaft vom 26. 06. 1999, L 161/14) oder **Kofinanzierung**. Das heißt, EU-Mittel werden an die Verfügbarkeit von „nationalen Eigenmitteln" gekoppelt. (Doch müssen, auch wenn nationale Mittel zur Verfügung stehen, die Fördergrundsätze der EU, die sich von nationalen Ansätzen unterscheiden, eingehalten werden. In der Folge ist eine zusätzliche Bürokratie notwendig.)

Für den sozialen Bereich ist insbesondere der Europäische Sozialfonds von Bedeutung.

3.8.1 Europäischer Sozialfonds (ESF)

Der Europäische Sozialfonds ist ein beschäftigungspolitisches Instrument und wird von der EU eingesetzt um Beschäftigungschancen von Menschen zu verbessern,

Ziel A "Förderung nachhaltiger und hochwertiger Beschäftigung und Unterstützung der Mobilität der Arbeitskräfte":
- Zugang zu Beschäftigung für Arbeitsuchende und Nichterwerbstätige, einschließlich Langzeitarbeitsloser und arbeitsmarktferner Menschen, auch durch lokale Beschäftigungsinitiativen und die Förderung der Mobilität der Arbeitskräfte;
- dauerhafte Eingliederung von jungen Menschen in den Arbeitsmarkt, insbesondere von solchen, die weder einen Arbeitsplatz haben noch eine schulische oder berufliche Ausbildung absolvieren, darunter junge Menschen, denen soziale Ausgrenzung droht und die Randgruppen angehören, ins Erwerbsleben, einschließlich durch die Durchführung der Jugendgarantie;
- Selbstständigkeit, Unternehmergeist und Gründung von Unternehmen, einschließlich von innovativen Kleinstunternehmen sowie innovativen kleinen und mittleren Unternehmen;
- Gleichstellung von Frauen und Männern auf allen Gebieten, einschließlich des Zugangs zur Beschäftigung und des beruflichen Aufstiegs, Vereinbarkeit von Berufs- und Privatleben und die Förderung des Grundsatzes des gleichen Entgelts für gleiche Arbeit;
- Anpassung der Arbeitskräfte, Unternehmen und Unternehmer an den Wandel;
- aktives und gesundes Altern;
- Modernisierung der Arbeitsmarkteinrichtungen, wie etwa öffentliche und private Arbeitsverwaltungen, und Verbesserung der Anpassung an den Bedarf auf dem Arbeitsmarkt, unter anderem durch Maßnahmen der Förderung der transnationalen Mobilität der Arbeitskräfte sowie durch Mobilitätsprogramme und die bessere Zusammenarbeit zwischen den Institutionen und den maßgeblichen Interessenträgern;

Ziel B. "Förderung der sozialen Inklusion und Bekämpfung von Armut und jeglicher Diskriminierung":
- Aktive Inklusion, nicht zuletzt durch die Förderung der Chancengleichheit und aktiver Beteiligung, und Verbesserung der Beschäftigungsfähigkeit;
- Sozioökonomische Eingliederung marginalisierter Bevölkerungsgruppen, wie etwa der Roma;
- Bekämpfung aller Formen der Diskriminierung und Förderung der Chancengleichheit;
- Verbesserung des Zugangs zu erschwinglichen, nachhaltigen und qualitativ hochwertigen Dienstleistungen, einschließlich Dienstleistungen im Bereich der Gesundheitsversorgung und Sozialdienstleistungen von allgemeinem Interesse;
- Förderung des sozialen Unternehmertums und der beruflichen Eingliederung in Sozialunternehmen und der Sozial- und Solidarwirtschaft zwecks Erleichterung des Zugangs zur Beschäftigung;
- auf örtlicher Ebene betriebene Strategien für lokale Entwicklung.

Ziel C: "Investitionen in Bildung, Ausbildung und Berufsbildung für Kompetenzen und lebenslanges Lernen":
- Verringerung und Verhütung des vorzeitigen Schulabbruchs und Förderung des gleichen Zugangs zu einer hochwertigen Früherziehung und einer hochwertigen Grund- und Sekundarbildung, darunter (formale, nicht formale und informale) Bildungswege, mit denen eine Rückkehr in die allgemeine und berufliche Bildung ermöglicht wird;
- Verbesserung der Qualität und Effizienz von, und Zugang zu, Hochschulen und gleichwertigen Einrichtungen zwecks Steigerung der Zahl der Studierenden und der Abschlussquoten, insbesondere für benachteiligte Gruppen;
- Förderung des gleichen Zugangs zum lebenslangen Lernen für alle Altersgruppen im formalen, nicht formalen und informalen Rahmen, Steigerung des Wissens sowie der Fähigkeiten und Kompetenzen der Arbeitskräfte sowie die Förderung flexibler Bildungswege unter anderem durch Berufsberatung und die Bestätigung von erworbener Kompetenzen;
- Verbesserung der Arbeitsmarktrelevanz der Systeme der allgemeinen und beruflichen Bildung, Erleichterung des Übergangs von der Bildung zur Beschäftigung und Stärkung der Systeme der beruflichen Bildung und Weiterbildung und deren Qualität, unter anderem durch Mechanismen für die Antizipierung des Qualifikationsbedarfs, die Erstellung von Lehrplänen sowie die Einrichtung und Entwicklung beruflicher Bildungssysteme, darunter duale Bildungssysteme und Ausbildungswege;

Ziel D "Verbesserung der institutionellen Kapazitäten von öffentlichen Behörden und Interessenträgern und der effizienten öffentlichen Verwaltung":
- Investitionen zugunsten der institutionellen Kapazitäten und der Effizienz der öffentlichen Verwaltungen und Dienste auf nationaler, regionaler und lokaler Ebene im Hinblick auf Reformen, bessere Rechtsetzung und verantwortungsvolles Verwaltungshandeln (...)
- Aufbau der Kapazitäten aller Interessenträger, die in den Bereichen Bildung, lebenslanges Lernen, Weiterbildung sowie Beschäftigung und Sozialpolitik tätig sind, unter anderem durch sektorale und territoriale Bündnisse, um Reformen auf den nationalen, regionalen und lokalen Ebenen anzustoßen.

Abb. 3.15 Ziele des Europäischen Sozialfonds (eigene Darstellung)

3.8 Finanzierung durch die europäischen Strukturfonds

die soziale Inklusion zu fördern, die Armut zu bekämpfen, Bildung, Fähigkeiten und lebenslanges Lernen zu fördern sowie Maßnahmen zur aktiven, umfassenden und dauerhaften Inklusion und zur Bekämpfung von Armut zu entwickeln. Es werden vier thematische Zielbereiche mit Maßnahmen verfolgt (Verordnung (EU) Nr. 1304/2013), die in hohem Maße für die Sozialwirtschaft anschlussfähig sind, wie in der Übersicht auf S. 58 (Abb. 3.15) gezeigt wird:

Im „Operationellen Programm des Bundes für den Europäischen Sozialfonds in der Förderperiode 2014-2020" werden geplante Maßnahmen, erwartete Ergebnisse, Finanzpläne sowie Output- und Ergebnisindikatoren zusammengefasst (Bundesministerium für Arbeit und Soziales, Europäischer Sozialfonds für Deutschland)

Die Mittel des Europäischen Sozialfonds in Höhe von ca. 7,49 Mrd. Euro, verteilen sich wie folgt auf die Regionen:

- Stärker entwickelte Regionen (Westdeutsche Bundesländer inkl. Region Leipzig und Berlin, ohne die Region Lüneburg): 4,23 Mrd. Euro (56,4 %)
- Übergangsregionen (ostdeutsche Bundesländer inkl. Region Lüneburg ohne Region Leipzig und Berlin): 3,26 Mrd. Euro (43,6 %)

2,689 Mrd. Euro (= 35,9 %) der Mittel werden über den Bund, die restlichen ca. 4,8 Mrd. Euro (64,1 %) werden über die Bundesländer verteilt.

Die ESF-Programme des Bundes werden unter der Federführung des Bundesministeriums für Arbeit und Soziales, vom Bundesministerium für Bildung und Forschung, dem Bundesministerium für Familie, Senioren, Frauen und Jugend, dem Bundesministerium für Umwelt, Naturschutz, Bau und Reaktorsicherheit sowie dem Bundesministerium für Wirtschaft und Energie umgesetzt.

Deutschland
Structural Funds (ERDF and ESF) eligibility 2014-2020

Category
- Less developed regions (GDP/head < 75% of EU-27 average)
- Transition regions (GDP/head between >= 75% and > 90% of EU-27 average)
- More developed regions (GDP/head >= 90% of EU-27 average)

0   130 km

Abb. 3.16 Stärker entwickelte- und Übergangsregionen (Bundesministerium für Arbeit und Soziales, Europäischer Sozialfonds für Deutschland, http://www.esf.de/portal/DE/Foerderperiode-2014-2020/ESF-Bundes-OP/inhalt.html (Zugriff: 01.08.15)

3.8 Finanzierung durch die europäischen Strukturfonds

Bundesministerium für Arbeit und Soziales	Bundesministerium für Bildung und Forschung	Bundesministerium für Familie, Senioren, Frauen und Jugend	Bundesministerium für Umwelt, Naturschutz, Bau und Reaktorsicherheit	Bundesministerium für Wirtschaft und Energie
Berufsbezogene Sprachförderung für Menschen mit Migrationshintergrund (ESF-BAMF-Programm)	Bildung integriert	Elternchance II – Familien früh für Bildung gewinnen	Berufsbildung für nachhaltige Entwicklung befördern. Über grüne Schlüsselkompetenzen zu klima- und ressourcenschonendem Handeln im Beruf	EXIST
ESF-Bundesprogramm Berufseinstiegsbegleitung		JUGEND STÄRKEN im Quartier		Gründercoaching Deutschland
ESF-Qualifizierung im Kontext Anerkennungsgesetz (Förderprogramm IQ)	Bildungsprämie			
ESF-Sozialpartnerrichtlinie „Fachkräfte sichern: weiterbilden und Gleichstellung fördern"		Perspektive Wiedereinstieg – Potenziale erschließen		Mikromezzaninfonds
Programm zum Abbau von Langzeitarbeitslosigkeit	Digitale Medien in der beruflichen Bildung	Quereinstieg – Männer und Frauen in Kitas		Passgenaue Besetzung – Unterstützung von KMU bei der passgenauen Besetzung von Ausbildungsplätzen sowie bei der Integration von ausländischen Fachkräften
ESF-Qualifizierung im Kontext Anerkennungsgesetz (Förderprogramm IQ)	Jobstarter plus	Stark im Beruf – Mütter mit Migrationshintergrund steigen ein	Bildung, Wirtschaft, Arbeit im Quartier (BIWAQ)	
rückenwind – Für die Beschäftigten und Unternehmen in der Sozialwirtschaft unternehmensWert: Mensch (uWM)	Zukunft der Arbeit	Vereinbarkeit von Familie und Beruf gestalten – Familienfreundliche Arbeitswelt und Zeitsouveränität		Unternehmensberatung – Förderung des unternehmerischen Know-hows durch Unternehmensberatungen für KMU und Freie Berufe

Abb. 3.17 ESF-Programme des Bundes (eigene Darstellung)

Detaillierte Informationen können unter www. esf.de abgerufen werden (http://www.esf.de/portal/DE/Foerderperiode-2014-2020/ESF-Programme/inhalt.html#land2543246).

Die ESF-Programme der Länder werden von den Bundesländern abgewickelt. Das Internetportal www.esf.de des Bundesministeriums für Arbeit und Soziales bietet einen Zugang zu den Programmen. Mit einem Klick gelangen Sie zu den ESF-Internetauftritten der Bundesländer.

Europäischer Sozialfonds für Deutschland

Startseite_ Förderperiode 2014 bis 2020_ ESF-Programme

Übersicht der ESF-Förderprogramme 2014-2020

Menschen, die ihre Chancen auf dem Arbeitsmarkt verbessern möchten, können über die einzelnen ESF-Förderprogramme des Bundes oder der Bundesländer gefördert werden.

Die ESF-Förderprogramme des Bundes werden bundesweit unter der Federführung des Bundesministeriums für Arbeit und Soziales vom Bundesministerium für Bildung und Forschung, dem Bundesministerium für Familie, Senioren, Frauen und Jugend, dem Bundesministerium für Umwelt, Naturschutz, Bau und Reaktorsicherheit sowie dem Bundesministerium für Wirtschaft und Energie umgesetzt.

Die ESF-Förderprogramme in den Bundesländern berücksichtigen darüber hinaus die arbeitsmarktlichen Besonderheiten in der Region.

Der ESF ist jedoch keine Arbeitsvermittlung. Vielmehr fördert er Beschäftigungsprojekte auf lokaler, regionaler und bundesweiter Ebene. Eine Förderung einzelner Personen erfolgt nur über die unterschiedlichen ESF-Förderprogramme, die von Projekten und verantwortlichen Institutionen durchgeführt werden. Ansprechpersonen für die ESF-Programme finden Sie in den einzelnen Programmbeschreibungen. Wenn Sie eine ESF-Förderung im Rahmen eines spezifischen Förderprogramms in Anspruch nehmen möchten, können Sie direkt mit einem ESF-Projekt vor Ort Kontakt aufnehmen.

- Programme des Bundes
- Programme der Bundesländer

Abb. 3.18 ESF-Internetauftritt (http://www.esf.de/portal/DE/Foerderperiode-2014-2020/ESF-Programme/inhalt.html#land2543246)

> **Beispiel**
>
> Das ESF-Programm „Rückenwind"
> Das Programm „Rückenwind – Für die Beschäftigten und Unternehmen in der Sozialwirtschaft" ist ein im Jahr 2015 gestartetes Förderprogramm zur Personal- und Organisationsentwicklung in der gemeinnützigen Sozialwirtschaft. Ziel der Förderung ist die Verbesserung der Anpassungs- und Beschäftigungsfähigkeit der Beschäftigten in der Sozialwirtschaft in Verbindung mit einer Verbesserung der Arbeitsbedingungen und Organisationsstrukturen in den Einrichtungen, Diensten und Verbänden.
>
> Das Förderprogramm wurde gemeinsam vom Bundesministerium für Arbeit und Soziales (BMAS) und der Bundesarbeitsgemeinschaft der Freien Wohlfahrtspflege e. V. (BAGFW) entwickelt. Gefördert wird es im Rahmen der Förderperiode 2014–2020 aus Mitteln des Europäischen Sozialfonds (ESF) und aus Bundesmitteln. 30 Millionen Euro stehen zur Erprobung innovativer Ideen und Konzepte zur Verfügung.
>
> Die übergeordneten Förderbereiche lauten „Personalentwicklung zur Verbesserung der Anpassungs- und Beschäftigungsfähigkeit" und „Organisationsentwicklung zur Verbesserung der Demografie-Festigkeit sozialwirtschaftlicher Unternehmen". Nach dem Erfolg des Vorgängerprogramms *Rückenwind I* wurde mit *Rückenwind II* das Themenfeld erweitert und durch die Dimension Organisationsentwicklung ergänzt.
>
> Quelle: http://www.bagfw-esf.de/rueckenwind-2015-2020. (Zugriff: 24.04.16)

3.8.2 Europäischer Fonds für regionale Entwicklung (EFRE)

Aufgabe des Europäischen Fonds für regionale Entwicklung (EFRE) ist es, *„durch Beteiligung an der Entwicklung und an der strukturellen Anpassung der rückständigen Gebiete und an der Umstellung der Industriegebiete mit rückläufiger Entwicklung zum Ausgleich der wichtigsten regionalen Ungleichgewichte in der Union beizutragen."* (Artikel 176 des Vertrages über die Arbeitsweise der Europäischen Union – AEUV) und somit den wirtschaftlichen, sozialen und territorialen Zusammenhalt in der Europäischen Union zu stärken.

Der Europäischer Fonds für regionale Entwicklung (EFRE) konzentriert sich in der aktuellen Förderperiode auf folgende Schlüsselprioritäten:

- Stärkung von Forschung, technologischer Entwicklung und Innovation
- Verbesserung der Barrierefreiheit sowie der Nutzung und Qualität von Informations- und Kommunikationstechnologien (IKT)
- Stärkung der Wettbewerbsfähigkeit von kleinen und mittleren Unternehmen (KMU)
- Förderung der Bestrebungen zur Verringerung der CO_2-Emissionen
- Förderung der Anpassung an den Klimawandel
- Erhaltung und Schutz der Umwelt sowie Förderung der Ressourceneffizienz
- Förderung von Nachhaltigkeit im Verkehr und Beseitigung von Engpässen in wichtigen Netzinfrastrukturen
- Förderung nachhaltiger und hochwertiger Beschäftigung und Unterstützung der Mobilität der Arbeitskräfte
- Förderung der sozialen Inklusion und Bekämpfung von Armut und jeglicher Diskriminierung
- Investitionen in Bildung, Ausbildung und Berufsbildung für Kompetenzen und lebenslanges Lernen durch die Entwicklung der Aus- und Weiterbildungsinfrastruktur
- Verbesserung der institutionellen Kapazitäten von öffentlichen Behörden und Interessenträgern

Besonderes Gewicht legt der EFRE zudem auf die Förderung der nachhaltigen Stadtentwicklung. (Mindestens 5 % der auf nationaler Ebene im Rahmen des Ziels „Investitionen in Wachstum und Beschäftigung" zugewiesenen EFRE-Mittel werden für integrierte Maßnahmen für eine nachhaltige Stadtentwicklung verwendet.)

Auch durch Mittel des Europäischen Fonds für regionale Entwicklung können Akteure der Sozialwirtschaft unterstützt werden. So können Unternehmensgründungen in der Sozialwirtschaft von Investitionen zur „Stärkung der Wettbewerbsfähigkeit von kleinen und mittleren Unternehmen (KMU)" und zur " Förderung nachhaltiger und hochwertiger Beschäftigung und Unterstützung der Mobilität der Arbeitskräfte" profitieren. Auf der Basis des letzteren Schwerpunktes können auch lokale Beschäftigungsinitiativen die Nachbarschaftsdienste anbieten, um Arbeitsplätze zu schaffen, unterstützt werden.

Im Rahmen des Investitionsschwerpunktes „Förderung der sozialen Inklusion und Bekämpfung von Armut und jeglicher Diskriminierung" können z. B. Einrichtungen unterstützt werden, die „die Förderung der sozialen Inklusion durch besseren Zugang zu sozialen, kulturellen und Erholungsdienstleistungen und den Übergang von institutionalisierten zu gemeindenahen Diensten" unterstützen. Weiterhin wird hier die Unterstützung von Sozialunternehmen genannt (Verordnung (EU) Nr. 1301/ 2013 zur Aufhebung der Verordnung (EG) Nr. 1080/2006).

3.8 Finanzierung durch die europäischen Strukturfonds

Auch die EFRE-Mittel verteilen sich prioritär 1. auf die Übergangsregionen (ostdeutsche Bundesländer inkl. Region Lüneburg ohne Region Leipzig und Berlin) und 2. auf die stärker entwickelte Regionen (Westdeutsche Bundesländer inkl. Region Leipzig und Berlin, ohne die Region Lüneburg). Sie werden über die Bundesländer verteilt. Informationen zu den Programmen erhalten Sie über die EFRE Internetauftritte der Bundesländer.

Beispiel

Das EFRE-Projekt „Stadtteilmütter" Berlin Neukölln

Die Idee des Projekts ist 2004 entstanden. Als Vorlage diente das sogenannte Rucksackprinzip aus den Niederlanden: Mütter besuchen Mütter mit einem Rucksack, in dem Lehrbücher, Kinderbücher, Spiele oder Informationsmarialien zu finden sind. In Berlin sind eine rote Tasche und ein roter Schal das Erkennungszeichen der Stadtteilmütter.

Die Ausbildung zur Stadtteilmutter dauert etwa sechs Monate, in dieser Zeit besuchen sie Deutschkurse und Seminare zu insgesamt zehn Themen im Kontext Familienhilfe. Die Stadtteilmütter sind für den Zeitraum ihrer Arbeit bei der Diakonie Neukölln angestellt und besuchen die Familien Zuhause. Sie geben Hilfestellungen zu Alltagsthemen, in Behördenfragen und unterstützen die Familien bei der Kinderbetreuung.

Initiiert wurde das Projekt „Stadtteilmütter in Neukölln" von der Diakoniewerk Simeon gGmbH Netzwerk Neukölln. Das Bezirksamt Neukölln und die Senatsverwaltung für Stadtentwicklung und Umwelt haben den Ball aufgenommen und den finanziellen Rahmen geschaffen. Angesprochen werden vorwiegend kinderreiche arabische und türkische Mütter.

Realisierung des Projektes

Für den Erfolg der Stadtteilmütter in Neukölln hat auch das Land Berlin gesorgt: Im Rahmen der Zukunftsinitiative Stadtteil, werden die Stadtteilmütter auch 2015 und 2016 durch die Senatsverwaltung für Stadtentwicklung und Umwelt mit Hilfe des EFRE mit 180.000€ gefördert.

Quelle: https://www.berlin.de/sen/wirtschaft/gruenden-und-foerdern/europaeische-strukturfonds/efre/projektbeispiele/artikel.367135.php. (Zugriff: 10.03.2016)

3.9 Resümee

Im Rahmen der gesetzlichen Bestimmungen ist ein **Trend** hin **zum Wettbewerb** und **zur Trägerpluralität** festzustellen. Während das Bundessozialhilfegesetz noch einen Vorrang der freien Wohlfahrtspflege vorsieht, ist dies im SGB VIII nicht mehr der Fall. Wir sprechen hier von anerkannten Trägern der Jugendhilfe (§ 78 SGB VIII). In der Pflegeversicherung sind freigewerbliche und freigemeinnützige Träger gleichgestellt. Auch die Strukturen des SGB XII und des SGB VIII (Leistungsentgelte) bzw. die Ausschreibungsverfahren der Bundesagentur für Arbeit fordern Wettbewerbsstrukturen.

Hinzu kommen Veränderungen im Zuge der Europäischen Union. Insbesondere in den neuen Bundesländern finden der Europäische Sozialfonds, aber auch der Regionalfonds großen Anklang.

Da in immer mehr Bereichen der Sozialen Arbeit private Anbieter bei der Auftragsvergabe berücksichtigt werden, kommt es zu einer stärkeren Trägerkonkurrenz. Diese Konkurrenz ist gewollt. Wie stark der Wettbewerb ist, hängt von der Anzahl der Anbieter und von der Art der angebotenen Leistung ab. Ein entscheidendes Wettbewerbsinstrument ist neben dem Preis die Qualität der Leistung.

Direkte und indirekte Finanzierungen 4

Zusammenfassung

Nachdem die Grundstrukturen und rechtlichen Rahmenbedingungen für die Finanzierung durch die öffentliche Hand vorgestellt wurden, erhalten Sie in diesem Kapitel einen vertieften Einblick in öffentliche Finanzierungsformen. Hierzu werden direkte Finanzierungsmöglichkeiten (in Form von Zuschüssen und Kostenerstattungen für Leistungen auf der Grundlage von Leistungsverträgen (Kap. 4.1) und indirekte Finanzierungsmöglichkeiten erörtert (in Form von Leistungsentgelten (Kap. 4.2)).

Dieses Kapitel behandelt folgende Themen:

- Kalkulationen
- Zuwendungsvergabe
- Zuwendungs- und Leistungsverträge
- Leistungsvereinbarungen am Beispiel der Kinder- und Jugendhilfe
- Verschiedene Formen von Leistungsentgelten

Der Umbau des Sozialstaates erfolgt u. a. durch eine Veränderung der Finanzierungsinstrumente. Statt der institutionellen Förderung wird verstärkt das Instrumentarium der Projektförderung für zeitlich und inhaltlich begrenzte Vorgaben genutzt. Dies hat Auswirkungen auf die Inhalte der Sozialen Arbeit. Gleiches gilt für Leistungsverträge, also Vereinbarungen privatrechtlicher Art, die zwar das Unter- und Überordnungsverhältnis der Zuwendungsfinanzierung aufheben, andererseits aber die Risiken für freie Träger erhöhen.

Neben der direkten Finanzierung der Institution durch Zuschüsse oder Leistungsverträge ist auch die indirekte Finanzierung einem Wandel unterworfen, der mit einer Verschiebung des Risikos zu den freien Trägern einhergeht. Doch diese dürfen, weil sie gemeinnützig sind, in „fetten Jahren" keine Gewinne erzielen, auf die sie in „mageren Jahren" zurückgreifen könnten. Wenn z. B. durch den Trend zur Projektförderung Anschlussfinanzierungen ausbleiben und aufgrund arbeitsrechtlicher Schutzbestimmungen Mitarbeiter weiterbezahlt werden müssen, kann eine soziale Einrichtung sehr schnell in wirtschaftliche Schwierigkeiten geraten. Dies hat auch persönliche Auswirkungen für Sozialmanager, die sich z. B. als Geschäftsführer/innen gemeinnütziger GmbHs in der Verantwortung befinden und unter besonderen Umständen persönlich haftbar gemacht werden können. Folglich ist eine Kenntnis sowohl der klassischen wie auch der neueren Finanzierungsmöglichkeiten und ihrer Risiken von entscheidender Bedeutung für das Management sozialer Einrichtungen und Dienste.

Objekt (direkte) Finanzierung	Subjekt (indirekt) Finanzierung
Kommunale Zuschüsse	Leistungsentgelte
• Zuwendungen von Bund und Ländern • Geldleistungen auf der Grundlage von Leistungsverträgen	• Dreiecksverhältnis der Leistungserbringung
	Einkaufsmodell
	• Gutscheine • Geldleistung

Abb. 4.1 Formen der Finanzierung Sozialer Arbeit

4.1 Direkte Finanzierung (Zuschüsse)

Zuschüsse, Subventionen, Zuwendungen etc. sind als Begriffe in der Diskussion nicht eindeutig definiert. Hier werden Zuschüsse als Geldleistung des Staates verstanden, die einerseits als öffentliche Subvention von den Kommunen vergeben wird und damit anderen Bestimmungen unterliegt, als wenn sie andererseits als öffentliche Zuwendung vom Bund oder dem Land erfolgt und damit der Bundes- bzw. Landeshaushaltsordnung unterliegt.

4.1 Direkte Finanzierung (Zuschüsse)

▶ **Zuschüsse** sind Geldleistungen in Form von
  - Subventionen (Kommunen) oder
  - Zuwendungen (Bund und Länder).

In den Bereich der öffentlichen Zuschüsse fallen Bundes-, Landes- und Kommunalmittel und Mittel aus den europäischen Strukturfonds. Der Bund spielt aus verfassungsrechtlichen Gründen eine eher untergeordnete Rolle.

Als direkte Finanzierung wird die Bezuschussung von sozialen Einrichtungen und Diensten bezeichnet. Im Gegensatz hierzu wird unter der indirekten Finanzierung eine Finanzierung über das Klientel verstanden. Die direkte Bezuschussung kann sich auf die Einrichtung als Ganzes beziehen und Zuschüsse zum laufenden Betrieb und / oder Investitionszuschüsse umfassen oder sich aber auf zeitlich und inhaltlich abgrenzbare Vorhaben (Projekte) beziehen.

▶ **Direkte Finanzierung** ist die Bezuschussung von sozialen Einrichtungen und Diensten.

Auf öffentliche Zuschüsse haben soziale Einrichtungen und Dienste in der Regel keinen Rechtsanspruch. Es handelt sich um einen freiwilligen Akt der öffentlichen Körperschaften, der aber ggf. auf der Grundlage von Gesetzen erfolgt. (Die maßgeblich juristische Ebene ist das öffentliche Recht, wie die Sozialgesetze, auf deren Grundlage Zuschüsse vergeben werden und die Haushaltsordnungen von Bund und Ländern bzw. die Kommunalverfassungen. Öffentliche Zuschüsse müssen folglich in Haushaltstiteln festgeschrieben werden.)

Anwendungsbereiche

Da eine Finanzierung durch Kostenerstattung für Einrichtungen und Dienste außerhalb des stationären bzw. teilstationären Bereiches nicht möglich ist, kann u. U. die vollständige oder teilweise Finanzierung einer Einrichtung bzw. eines sozialen Dienstes durch öffentliche Zuwendungen und Subventionen erfolgen. Öffentliche Zuschüsse sind deshalb eine wichtige **Finanzierungsmöglichkeit** für die sozialen Einrichtungen und Dienste.

Kommunale Zuschüsse (Subventionen)

Der Begriff der **Subvention** ist ein umfassender Begriff.

„*Subventionen sind öffentlich-rechtliche Leistungen des Staates, die zur Erreichung eines bestimmten, im öffentlichen Interesse gelegenen Zweckes gewährt werden*" (Bundesverwaltungsgericht, NJW 1959, 1098).

Zu den Subventionen gehören neben Geld- und Sachleistungen auch Steuererleichterungen und -befreiungen, z. B. auf Grund der Gemeinnützigkeit (Kap. 5.3), die für soziale Einrichtungen und Dienste sehr bedeutsam sind. Im hier behandelten Kontext sind aber insbesondere die Leistungen der Kommunen, sei es auf freiwilliger Basis oder aufgrund sozialrechtlicher Bestimmungen zu nennen. Die Steuerung kommunaler Leistungen kann input- oder output-orientiert erfolgen.

Freiwillige kommunale Zuschüsse sind insbesondere für soziale Einrichtungen und Dienste von Bedeutung, die eine Finanzierung für Aufgaben benötigen, die nicht zu den Pflichtleistungen des Staates gehören; sei es ein Projekt der Gemeinwesenarbeit oder der Beratung von Asylbewerbern.

Da die Zuschüsse aus den kommunalen Haushalten stammen, ist es für Institutionen, die hiervon abhängig sind, wichtig, bei der Aufstellung der Haushaltspläne Einfluss nehmen zu können. In der klassischen **input-orientierten Steuerung** wird der Mittelbedarf vom Kämmerer bei den einzelnen Ämtern bzw. Fachbereichen angefordert. Er erstellt einen Entwurf für den Haushaltsplan. Es empfiehlt sich, in dieser Phase Kontakte zu den zuständigen Dienststellen und Entscheidungsträgern der Verwaltung zu pflegen, damit diese Mittel für die Institution berücksichtigen und der entsprechende Haushaltstitel im nächsten Jahr angemessen gefüllt ist. Da auch das Management der mittleren Führungsebene (z. B. die Amtsleitung) am Entscheidungsprozess über die Mittelvergabe beteiligt ist, kann eine „harmonische Beziehung" und deren Pflege zum mittleren Verwaltungsmanagement sehr nützlich sein.

In einem zweiten Schritt werden die Anmeldungen in den Ausschüssen besprochen. Jetzt gilt es, Überzeugungsarbeit zu leisten und die Mehrheiten in den entsprechenden Gremien zu gewinnen. Hierzu bedarf es einer (professionellen) Lobbyarbeit. Die von den Gremien befürworteten Ziele und Konzepte können durch den Finanzausschuss jedoch finanzielle Kürzungen erfahren. Deshalb gilt es, politische Kontakte zu pflegen, mit dem Ziel, Finanzanmeldungen im weiteren Verfahrensablauf zu begleiten. Denn erst wenn Mittel – für die Institution – im Haushaltsplan vorgesehen sind und dieser ordnungsgemäß durch die Vertretungskörperschaft verabschiedet sowie durch die Aufsichtsbehörde genehmigt worden ist, ist die Förderung gesichert. Das folgende Schaubild zeigt, wie ein Haushaltsplan zustande kommt.

4.1 Direkte Finanzierung (Zuschüsse)

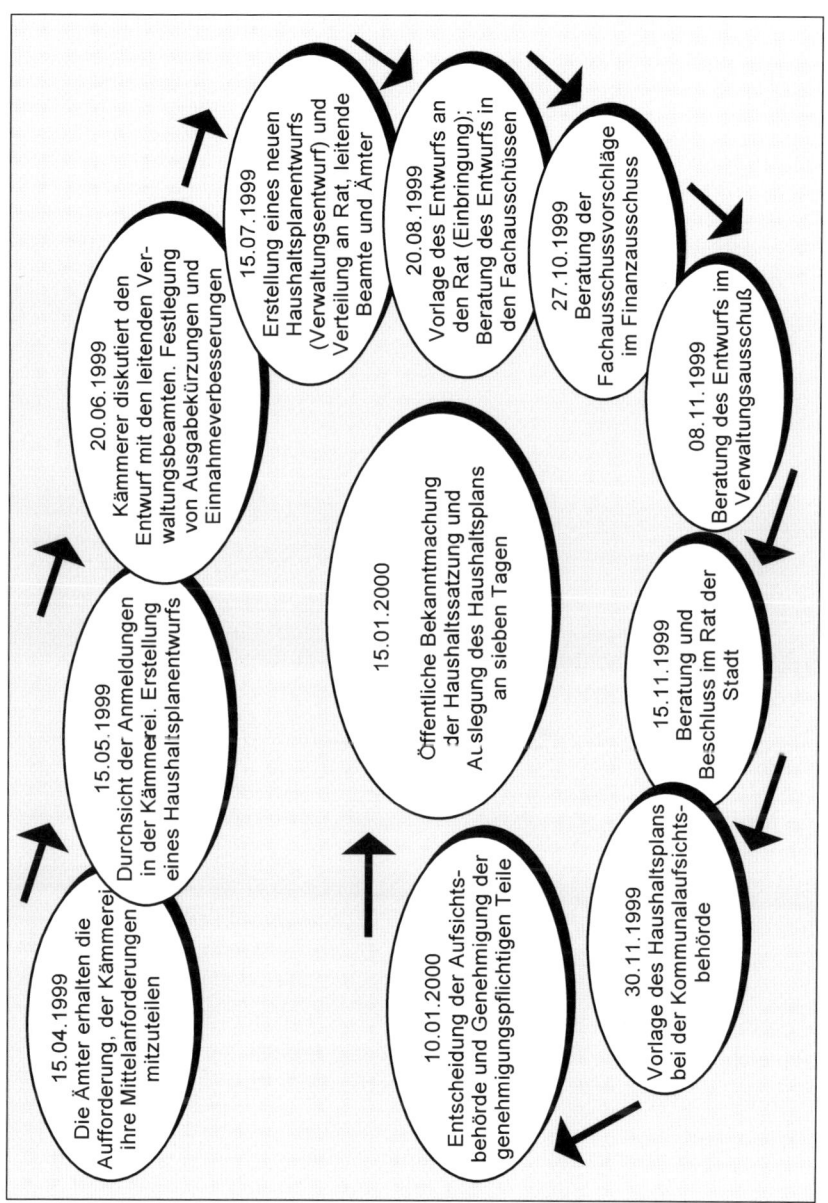

Abb. 4.2 Das Zustandekommen eines Haushaltsplans (adaptiert nach Krüger 1992, 14)

Bei der **output-orientierten Steuerung** gilt im Wesentlichen das Gleiche. Auch hier werden Haushalte aufgestellt, allerdings mit anderen inhaltlichen Schwerpunkten (Kontrakten) und einem größeren Entscheidungsspielraum der Verwaltung, weil auch frei verfügbare Budgets zur Verfügung gestellt werden.

Unter einem **Budget** versteht man das Saldo zwischen Einnahmen und Ausgaben eines Fachbereiches.

Budgets werden in Sonder- und frei verfügbare Budgets unterteilt. Die Sonderbudgets stehen für gesetzliche Pflichtaufgaben zur Verfügung. Über die frei verfügbaren Budgets kann die Verwaltung im Rahmen der mit der Politik geschlossenen Kontrakte verfügen. In der Folge ist es für freie Träger noch wichtiger als bei der klassischen input-orientierten Steuerung, Kontakte zur Verwaltung zu pflegen. Abbildung 4.3 zeigt die Budget-Struktur.

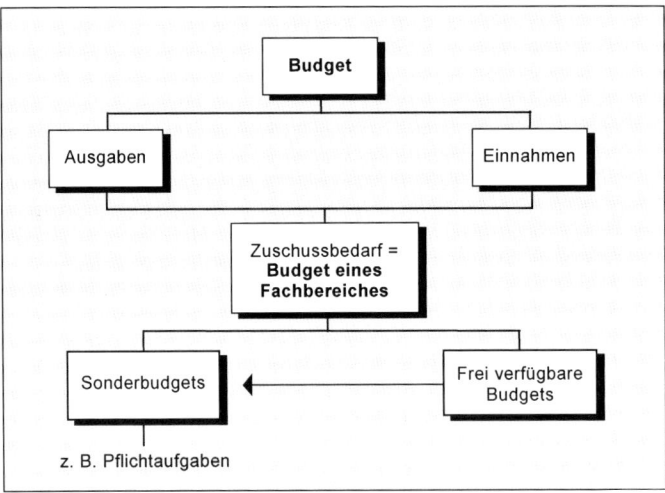

Abb. 4.3 Budget-Struktur (eigene Darstellung)

Zuschüsse von Bund und Ländern (Zuwendungen)

Als **Zuwendung** werden Geldleistungen von Bund und Ländern bezeichnet, die auf der Grundlage haushaltsrechtlicher Bestimmungen an Dritte vergeben werden. Sie sind für Bund und Länder ein Mittel zur Erfüllung öffentlicher Aufgaben. Ein Entgelt für die Leitung aufgrund von zweiseitigen Verträgen (Kauf, Miete, Pacht, Werks- und Werklieferungsverträgen) ist keine Zuwendung.

4.1 Direkte Finanzierung (Zuschüsse)

Öffentliche Zuwendungen sollen nur Finanzierungslücken schließen, das heißt der Zuwendungsempfänger soll Eigenmittel nachweisen.

Zuschussarten

Zuschüsse sind zu unterscheiden in:

- Zuschüsse, mit denen sämtliche Aufgaben einer Institution finanziert werden (Institutionelle Förderung), oder
- Zuschüsse, mit denen einzeln abgrenzbare Vorhaben des Trägers (Projektförderung) finanziert werden.

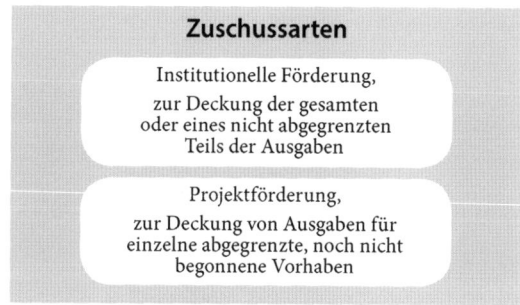

Abb. 4.4
Zuschussarten
(eigene Darstellung)

Institutionelle Förderung

Bei der institutionellen Förderung wird eine Einrichtung als Ganzes gefördert, wenn ein öffentliches Interesse besteht. Eine **genaue Zweckbindung der Mittel liegt**, im Gegensatz zur Projektförderung, **nicht** vor. Gefördert wird die satzungsgemäße Wahrnehmung der Aufgaben durch den Empfänger. Auf die Tätigkeit im Einzelnen nimmt der Zuschussgeber keinen Einfluss. Die Einflussnahme beschränkt sich auf fiskalische, haushaltsrechtliche Aspekte (Niemeier 2006, 159).

Obgleich die institutionelle Förderung (wie auch die Projektförderung) lediglich für ein Haushaltsjahr bewilligt wird, bedeutet sie häufig eine Dauerverpflichtung, obwohl kein Rechtsanspruch auf eine Anschlussbewilligung besteht. Oftmals aber kann eine institutionelle Förderung nur dann eingestellt werden, wenn die Institution aufgelöst wird oder ein anderer Zuschussgeber die Förderung übernimmt.

> Die Veranschlagung von Zuschüssen zur institutionellen Förderung kann nur bei Vorlage eines Finanzierungs- bzw. Wirtschaftsplans des Empfängers erfolgen. Dieser Plan muss neben allen erwarteten Einnahmen und Ausgaben einen Organisations- und Stellenplan enthalten.

Da die institutionelle Förderung über einen längeren Zeitraum erfolgt, wird sie wesentlich kritischer behandelt als die Projektförderung. Der Träger muss einen Finanzierungsplan, einen Wirtschaftsplan, eine Einnahmen- und Ausgabenrechnung und einen Organisations- und Stellenplan vorlegen.

Beispiel

Welche Auswirkungen die Nichtvorlage entsprechender Pläne hat, erlebte 2008 die Universität Witten-Herdecke. Sie wurde aufgefordert, verlässliche und attestierte Wirtschaftspläne für das Jahr 2009 vorzulegen. Dies geschah nicht, und in der Folge wurden der Universität für das Jahr 2008 Zuwendungen entzogen.

Quelle: Frankfurter Allgemeine Zeitung (17.12.2008)

Die Finanzierung von Arbeitsstellen durch institutionelle Fördermittel ist durch den Stellenplan festgelegt. Nach der Verabschiedung des Haushalts durch die Vertretungskörperschaft ist eine Erhöhung der Gesamtstellenzahl nicht möglich (Abweichungen in der Wertigkeit sind hingegen möglich). Wie bei der Projektförderung gilt das Besserstellungsverbot der bei dem Zuwendungsempfänger Beschäftigten, jedoch im Gegensatz zur Projektförderung, unabhängig von der Höhe der Förderung.

Die Veranschlagung von Zuschüssen zur institutionellen Förderung kann nur bei Vorlage eines Finanzierungs- bzw. Wirtschaftsplans seitens des Empfängers erfolgen. Dieser Plan muss neben allen zu erwartenden Einnahmen und Ausgaben einen Organisations- und Stellenplan enthalten..

Bei der erstmaligen Antragstellung auf eine institutionelle Förderung soll sich der Antragsteller mindestens zu den folgenden Punkten ausführlich äußern:

- Rechtsform und Vertretungsbefugnis,
- Aufgabenstellung, Ziele und Zweck der Einrichtung/Dienst,
- Personalausstattung,
- Arbeits- und Investitionsplanung für das Förderungsjahr,

- Vermögens- und Schuldenlage (zu belegen über die letzte Bilanz mit Gewinn- und Verlustrechnung),
- Finanzplanung und Zuwendungsbedarf für das Förderungsjahr,
- Art der Buchführung und des Jahresabschlusses (BBJ Consult 1989, 35 f.).

Detaillierte Informationen werden erwartet, da durch die institutionelle Förderung häufig eine Dauerverpflichtung eingegangen wird, auch wenn kein Rechtsanspruch auf eine Anschlussbewilligung besteht.

Projektförderung

In Zuge des Umbaus des Sozialstaates werden immer mehr zeitlich und inhaltlich befristete Vorhaben (Projekte) statt Institutionen finanziert. Der Anfangs- und der Endzeitpunkt eines Projekts sind eindeutig bestimmt, und die zur Verfügung stehenden Mittel sind begrenzt und an das Projekt gebunden. Da eine genau definierte Aufgabe des Zuwendungsempfängers gefördert wird, kann eine stärkere Ausrichtung am konkreten Interesse des Zuwendungsgebers erfolgen, als dies bei der institutionellen Förderung der Fall ist.

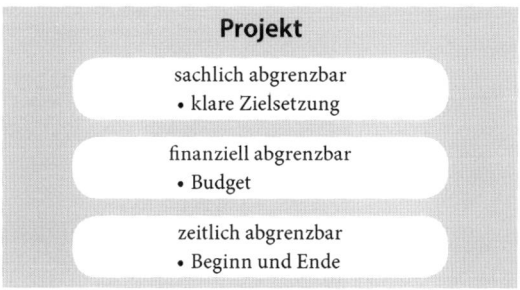

Abb. 4.5 Kriterien der Projektabgrenzung (eigene Darstellung)

Folgende Angaben sind einem Antrag auf eine Zuwendung im Rahmen der Projektförderung in der Regel beizufügen:

- **Beschreibung des Vorhabens** und der verfolgten Ziele bzw. die an das Projekt geknüpfte Erwartungen,
- **Angaben zur Dringlichkeit** des Projekts,

- **Gesamtzeitplan**, unter Umständen auch ein Stufenzeitplan der einzelnen Projektschritte,
- Angaben über **Eigenmittel** und **Eigenleistungen**,
- Angaben zum etwaigen Interesse Dritter an dem Vorhaben bzw. über mögliche Drittmittel,
- Angaben zur **Person des Antragstellers** und gegebenenfalls zur Vertretungsbefugnis bei antragstellenden Personenmehrheiten, die keine juristischen Personen sind (Vereinssatzungen),
- Vom Antragsteller wird auch erwartet, dass er sich über den **voraussichtlichen Nutzen des Vorhabens** für sich selbst, für einzelne Dritte oder für die Allgemeinheit äußert (BBJ Consult 1992, 35).

4.1.1 Finanzierungsarten

Zuwendungen können als Voll-, Anteils-, Festbetrags- oder Fehlbedarfsfinanzierung vergeben werden.

Finanzierungsarten

Vollfinanzierung
- deckt die vollen Ausgaben ab

Anteilsfinanzierung
- finanziert wird ein bestimmter Prozentsatz der Gesamtkosten

Festbetragsfinanzierung
- finanziert wird ein Betrag in bestimmter Höhe

Fehlbedarfsfinanzierung
- finanziert wird die Deckungslücke zwischen den Ausgaben und den eigenen und/oder fremden Mitteln

Abb. 4.6 Finanzierungsarten (eigene Darstellung)

Vollfinanzierung

Eine Vollfinanzierung ist sehr selten und nur dann möglich, wenn die Erfüllung des öffentlichen Zwecks sich nicht anders realisieren lässt.

Anteilsfinanzierung

In der Regel erfolgt eine Teilfinanzierung eines bestimmten Prozentsatzes der Gesamtkosten, so dass die Restsumme von weiteren Finanzierungsträgern oder von der Institution co-finanziert werden muss. Es wird ein Eigenanteil erwartet, der bspw. durch Mitgliedsbeiträge, Spenden, durch ehrenamtliche Tätigkeit oder kirchliche Zuwendungen erwirtschaftet werden kann. Der Zuschuss ist auf einen Höchstbetrag zu begrenzen. In der Regel ist aber eine Nachfinanzierung möglich, wenn Ausgabenerhöhungen nicht vom Zuwendungsempfänger zu verantworten sind. Wenn der Zuwendungsbetrag nicht ausgeschöpft wurde, muss der Restbetrag zurückgezahlt werden.

> Die Finanzierung durch die Europäischen Strukturfonds ist typisch für Anteilsfinanzierung oder Co-Finanzierung. Sie wird erst genehmigt, wenn die Organisation welche sich auf die Mittel bewirbt, einen Nachweis erbringt, dass sie einen Großteil der Kosten durch Eigenmittel decken kann.

Festbetragsfinanzierung

Unter einer Festbetragsfinanzierung versteht man, dass die Förderung einem festen, nicht veränderlichen Betrag entspricht. Denkbar ist auch das Vielfache eines Betrages, der sich für eine bestimmte Einheit ergibt. Beispielsweise können je Fachleistungsstunde 50 € Zuschuss gewährt werden (Papenheim/ Baltes 2010, 139).

Der Festbetrag ist nicht veränderbar, auch wenn die zuwendungsfähigen Ausgaben tatsächlich höher oder niedriger ausfallen als der bewilligte Zuwendungsbetrag. Für den Fall, dass das Vorhaben kostengünstiger zu realisieren ist, verbleiben die Mittel beim Zuwendungsempfänger (Teske 2006, 63). Dies bedeutet für den Zuwendungsgeber, dass er sich überlegen muss, ob der Finanzierungsplan realistisch ist und welchen Betrag er zur Verfügung stellen will. Im Gegenzug wird er bei der Prüfung des Finanzverwendungsnachweises entlastet. Er muss nämlich nicht im Einzelnen prüfen, ob der Finanzierungsplan eingehalten wurde (Teske 2006, 63f.). Folglich führt der Einsatz der Festbetragsfinanzierung auch zu einer Verwaltungsvereinfachung und somit zu einer Entlastung der Exekutive.

Fehlbedarfsfinanzierung

Mit der Fehlbedarfsfinanzierung wird die Finanzierungslücke abgedeckt, die nach Ausschöpfung aller anderen Finanzierungsquellen verbleibt. Sie kann nur dann erfolgen, wenn keine Deckung aus eigenen Mitteln oder mit Hilfe von dritter Seite erfolgen kann und wenn von Seiten des Zuwendungsgebers ein erhebliches Interesse an der Durchführung der Maßnahme besteht. Die Fehlbedarfsfinanzierung kann auch in Form einer Anteilsfinanzierung erfolgen, z. B. wenn verschiedene Zuwendungsgeber den Fehlbedarf gemeinsam tragen. Für Teske werden durch die Fehlbedarfsfinanzierung falsche ökonomische Anreize gesetzt, denn ein Empfänger einer Zuwendung, der zusätzliche Eigenmittel erwirtschaftet, hat nichts von seinem Erfolg, da dies zu einer Reduktion der Zuwendung führt. Folglich wird er keine weiteren Drittmittel einwerben (Teske 2006, 63).

4.1.2 Kalkulation

Für die Kalkulation (am Beispiel einer Beschäftigungs- und Qualifizierungsmaßnahme gezeigt) sind folgende Bereiche zu beachten:

1. Personalkosten

Hierzu gehören die Personalausgaben einschließlich der gesetzlichen Sozialleistungen, die für die institutionelle Förderung auf der Grundlage des Stellenplans aufgeschlüsselt werden, z. B. nach:

a) Leitung und Verwaltung,
- Geschäftsleitung mit Finanzabwicklung,
- Buchhaltung, Büroorganisation, Personalwesen.

b) Arbeitsfelder, z. B.:
- Beratung,
- Ausbildung (Meister, Gesellen),
- Betreuung (Sozialpädagogen),
- Hauswirtschaft (Küche).

c) Vertretungsmittel (z. B. Mutterschutz) und Honorare, z. B.
- für Arbeitsspitzen oder
- spezielle Aufträge (z. B. Dokumentationen).

d) Ausgaben für die Teilnehmer der Maßnahme
- Gehälter und Vergütungen,
- Sonstige Leistungen.

2. Aufwendungen für den laufenden Betrieb

a) Raumkosten
- Miete,
- Betriebskosten / Heizung,
- Strom,
- Instandhaltung u. Sonstiges,
- Reinigung,
- Müllabfuhr.

b) Steuern, Versicherungen, Beiträge

c) Bürokosten
- Porto,
- Telefon,
- Büromaterialien,
- Zeitschriften, Bücher,
- Kopierkosten,
- EDV-Betriebskosten,
- Instandhaltung der Einrichtung,
- Sonstige Bürokosten.

d) Beratung und Prüfungskosten
- Lohnbuchhaltung, Steuerberatung, Steuererklärungen u. Ä.,
- Rechtsberatung,
- Prüfungskosten.

e) Laufender Betrieb der Maßnahme, z. B. bei einer pädagogischen Maßnahme
- Lehr und Lernmittel,
- Veranstaltungen, Kurse,
- ausbildungsbezogene Gruppenreisen,
- überbetriebliche Lehrgänge,
- Reisekosten,
- Verpflegungs- und Unterkunftskosten,
- Veranstaltungskosten,
- Sonstige Ausgaben,
- Fahrkosten am Ausbildungsort (etc.).

f) Ausrüstung und Material
- Materialausstattung,
- Geringwertige Wirtschaftsgüter (sonstiger Materialbedarf),
- Instandhaltung, Instandsetzung,
- Ersatzbeschaffungen (geringwertige Wirtschaftsgüter).

g) Sonstige Kosten

3. Aufwendungen für das Sachanlagevermögen

a) Investitionen
- Einrichtungsgegenstände,
- Datenverarbeitung,
- Maschinen.

b) Bau- / Umbaumaßnahmen

c) Einrichtung / Erstausstattung

4.1.3 Zuwendungsvergabe

Rechtliche Grundlagen

In § 14 des Haushaltsgrundsätzegesetzes (HGrG) und in § 23 der Bundes- und Landeshaushaltsordnungen (BHO/LHO) heißt es unter Zuwendungen:

> *„Ausgaben und Verpflichtungsermächtigungen für Leistungen an Stellen außerhalb der Verwaltung des Bundes oder des Landes zur Erfüllung bestimmter Zwecke (Zuwendungen) dürfen nur veranschlagt werden, wenn der Bund oder das Land an der Erfüllung durch solche Stellen ein erhebliches Interesse hat, das ohne die Zuwendungen nicht oder nicht im notwendigen Umfang befriedigt werden kann."*

Zuwendungen im Sinne des § 23 BHO / LHO sind also Geldleistungen, die von Bund oder Ländern gewährt werden, wenn ein erhebliches Interesse an der Erfüllung bestimmter Aufgaben besteht. Ein Entgelt für eine Leistung aufgrund von zweiseitigen Verträgen (Kauf, Miete, Pacht, Werk- und Werklieferungsverträgen) ist keine Zuwendung. Welche Vorschriften und Bestimmungen bei der Vergabe öffentlicher Zuwendungen gelten, zeigt das folgende Bild.

4.1 Direkte Finanzierung (Zuschüsse)

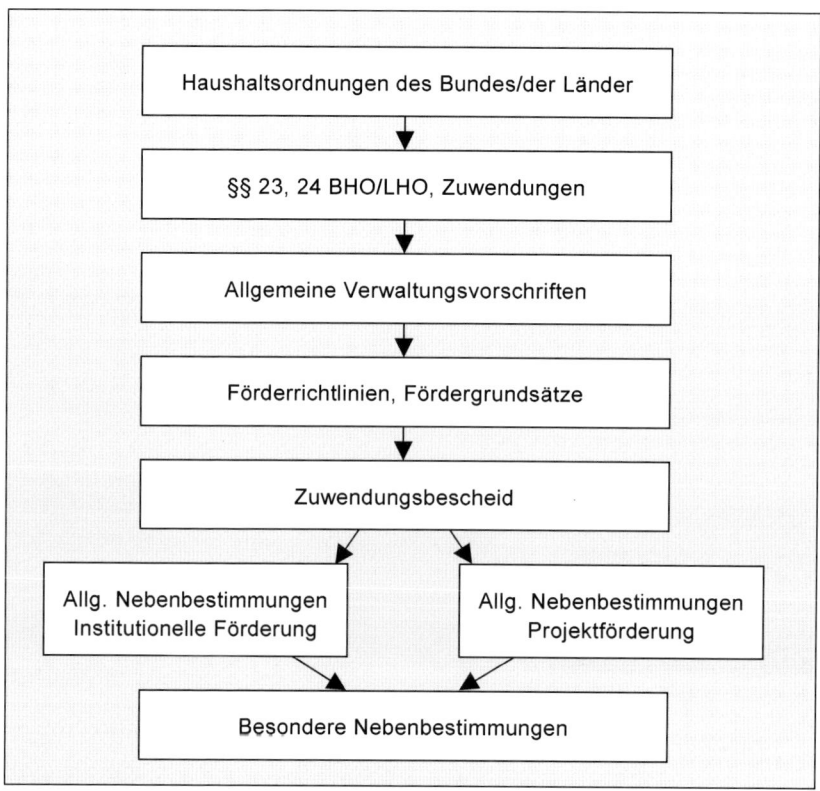

Abb. 4.7 Vorschriften und Bestimmungen für öffentliche Zuwendungen (Diakonisches Werk d. EKD 1993, 277)

Allgemeine Voraussetzungen für Zuwendungen

Da Zuwendungen Leistungen der öffentlichen Hand sind, zu deren Zahlung Bund und Länder nicht verpflichtet sind, steht es im Ermessen der Behörden, ob und in welcher Höhe Zuwendungen bewilligt werden.

Folgende Grundvoraussetzungen müssen gegeben sein (BBJ Consult 1994, 13):

- Es können nur Maßnahmen gefördert werden, die durch Stellen außerhalb der Bundes- oder Landesverwaltung durchgeführt werden und eigenen Zwecken dienen.

- Zuwendungen werden regelmäßig durch einen Verwaltungsakt bewilligt und setzen einen Antrag des Empfängers voraus. Sie unterliegen einem öffentlich-rechtlichen Verwaltungsverfahren.
- Zuwendungen setzen ein erhebliches Interesse des Bundes oder des Landes voraus, dass bestimmte Zwecke außerhalb der Bundes- bzw. Landesverwaltung erfüllt werden.
- Zuwendungen setzen voraus, dass das Interesse des Bundes oder Landes ohne die Zuwendung nicht oder nicht im notwendigen Umfang befriedigt werden kann. Der Empfänger der Zuwendung hat zunächst Eigenmittel oder Mittel Dritter einzusetzen, um den Zweck zu erfüllen. Die Zuwendung hat nachrangigen Charakter und soll lediglich bestehende Finanzierungslücken schließen.

Ein erhebliches Bundes- oder Landesinteresse an der Erfüllung von Aufgaben außerhalb der Bundes oder Landesverwaltung reicht demnach für die Förderung durch Zuwendungen nicht aus. Vielmehr bedarf es der Prüfung, ob es überhaupt und wenn ja, in welchem Umfang öffentlicher Finanzierungshilfen bedarf (BBJ Consult 1994, 13).

Gleichheitsgrundsatz

Da Zuwendungen einem öffentlich-rechtlichen Verwaltungsverfahren unterliegen, ist der Gleichheitsgrundsatz gemäß Artikel 3 des Grundgesetzes zu beachten (Gleichheit vor dem Gesetz), und es ist zu beachten, dass die Verteilung gleichmäßig erfolgt.

Der Gleichheitsgrundsatz gilt nach allgemeiner Rechtsauffassung neben den natürlichen auch für juristische Personen. Der Gleichheitsgrundsatz bedeutet jedoch nicht Gleichförmigkeit und Einheitlichkeit. Der Staat entscheidet über konkrete Fördermaßnahmen im Rahmen seines Ermessens.

„Er ist zur sachlichen Auswahl und sachgerechten Differenzierung berechtigt und nicht zu einer schematischen Gleichbehandlung verpflichtet" (OVG Lüneburg, 1984).
„Mit dem Gleichheitsgrundsatz ist eine Förderungspraxis vereinbar, die begrenzte öffentliche Mittel nicht nach dem ‚Gießkannenprinzip' verteilt, sondern gezielt unter Bevorzugung einzelner und Benachteiligung anderer Personengruppen einsetzt" (BVerfGE, 1975).

Im Bereich der freien Träger der Sozialen Arbeit wird der Gleichheitsgrundsatz nicht verletzt, wenn ein Träger mit geringer eigener Leistungsfähigkeit höher gefördert wird als ein Träger, der gleiche Maßnahmen durchführt, aber eine größere eigene Leistungsfähigkeit besitzt. Er findet auch Anwendung im Rahmen des § 74 Abs. 5

SGB VIII, wenn es um nebeneinander laufende Maßnahmen der öffentlichen und freien Jugendhilfe geht. (Neumann 1992, 364; Münder u. a. 2002, 501 f.)

Bei einer (vermeintlichen) Verletzung des Gleichheitsgrundsatzes kann eine Konkurrentenklage eingereicht werden.

Konkurrentenklage

Die Förderung einzelner Einrichtungen und Dienste benachteiligt die Wettbewerber, die nicht gefördert werden. Erfolgte die Förderung aufgrund eines Gesetzes (Subventionsgesetz), kann der übergangene Träger eine Verpflichtungsklage mit dem Ziel erheben, in die Förderung einbezogen zu werden (**positive Konkurrentenklage**), obwohl weder nach Sozial-, noch nach Kinder- und Jugendhilferecht ein Rechtsanspruch auf Förderung besteht. Der Kläger hat den Anspruch auf die fehlerfreie Ausübung des Ermessens.

Fehlt die gesetzliche Förderungsgrundlage, wird die Förderung also im Rahmen des Haushaltsrechts vergeben, kann durch die Gerichte lediglich geprüft werden, ob öffentliche Mittel überhaupt vergeben werden durften und, wenn positiv entschieden wurde, ob der Gleichheitsgrundsatz verletzt wurde. Stimmt die angebotene Leistung des Übergangenen mit dem Zweck des Förderungsgrundes überein, hat der nicht berücksichtigte Träger Anspruch auf fehlerfreie Ermessensausübung. Dient die angebotene Leistung des Übergangenen nicht dem Förderzweck, fehlt die Rechtsgrundlage für eine positive Konkurrentenklage.

Mit der **negativen Konkurrentenklage** verfolgt der Kläger nicht das Ziel der eigenen Förderung, sondern der Nichtförderung des Konkurrenten aufgrund einer Verletzung der grundrechtlich geschützten Wettbewerbsfreiheit. Nach der Rechtsprechung wird das Grundrecht nicht schon dadurch verletzt, wenn durch die Förderung ein neuer Konkurrent entsteht. Das Grundrecht greift erst dann, wenn der Konkurrent des Geförderten durch die Förderung in einen ruinösen, die Existenz gefährdenden Wettbewerb geführt wird.

Die freien Träger machen von der negativen Konkurrentenklage selten Gebrauch, weil sich ihre Klage gegen etwas *„an sich förderungswürdiges"* wenden würde (Neumann 1992, 361 f.).

Zuwendungsantrag

Die Vergabe von Zuwendungen erfordert einen Zuwendungsantrag, der das öffentliche Anliegen verdeutlicht. Dem Antrag muss eine entsprechende Kostenkalkulation beigefügt sein. Zuwendungsfähig sind alle Ausgaben, die zur Erreichung des Zuwendungszwecks innerhalb des Bewilligungszeitraums notwendig sind. Niemeier weist darauf hin, dass bei der Bemessung Festbeträge pauschal zugrunde gelegt werden können. Denn diese können ohne Nachweis im Einzelnen abgerechnet werden. Prüfungsgegenstand ist dann die Angemessenheit der Pauschalen und die Feststellung einer Überdeckung der Ausgaben durch die Zuwendung. Beispiele sind die Veranschlagung einer Sachkostenpauschale für eine geförderte Personalstelle oder die Förderung einer Fortbildungsmaßnahme durch einen Pauschalbetrag pro Teilnehmertag (Niemeier 2006, 160).

Basierend auf dem Antrag werden die Höhe und die Finanzierungsart des Zuschusses bestimmt und im Zuwendungsbescheid unter der Auflage der sparsamen Mittelverwendung vergeben. Zuwendungen können zweckgebunden oder auch ohne Zweckbindung vergeben werden.

Zuwendungsbescheid

Durch den Zuwendungsbescheid werden in der Regel die Höhe der Zuwendung, der Zuwendungszweck, und wenn es sich um ein Darlehen handelt, die Rückzahlungsverpflichtung festgelegt (Papenheim/ Baltes 2010, 140).

Zu beachten sind die Rechtsgrundlagen für die Gewährung von Zuwendungen. Dies sind neben der Landes- und Bundeshaushaltsordnung nach §§ 23, 44 BHO, LHO, allgemeine und spezielle Nebenbestimmungen und Verwaltungsvorschriften. Die Bewilligungsbehörden machen diese zum Inhalt des Zuwendungsbescheids. Durch besondere Nebenbestimmungen des Zuwendungsbescheids kann z. B. festgelegt werden, welche Maßnahmen förderungsfähig sind, wie hoch der Förderungssatz und welche Bemessungsgrundlage maßgebend ist, welchen Inhalt der Verwendungsnachweis haben muss und bis zu welchem Zeitpunkt er vorzulegen ist (Papenheim/ Baltes 2010, 140).

Besserstellungsverbot

Das Besserstellungsverbot ergänzt den Zuwendungsbescheid als allgemeine Nebenbestimmung. Zuwendungen dürfen nicht dazu verwendet werden, die Bezahlung der Beschäftigten des Zuwendungsempfängers gegenüber denen im öffentlichen Dienst Beschäftigten zu verbessern. Dieser darf seinen Beschäftigten zwar schlechtere, aber keine besseren Arbeitsbedingungen bieten als im öffentlichen Dienst. Folglich stellen die für Angestellte im öffentlichen Dienst geltenden tariflichen Regelungen für die Vergütung, die Arbeitszeit, den Erholungsurlaub, das Urlaubsgeld usw. in allen Einzelheiten die Obergrenze für den freien Träger dar (Papenheim/ Baltes 2010, 140).

Widerruf des Zuwendungsbescheids

Der Zuwendungsbescheid kann ganz oder teilweise auch mit Wirkung für die Vergangenheit widerrufen werden, wenn die Leistung nicht alsbald nach der Erbringung oder nicht mehr für den in dem Verwaltungsakt bestimmten Zweck verwendet wird. Dasselbe gilt, wenn mit dem Zuwendungsbescheid eine Auflage verbunden ist und der Begünstigte diese nicht erfüllt.

„Zuwendungen dürfen nur unter den Voraussetzungen des § 23 gewährt werden. Dabei ist zu bestimmen, wie die zweckentsprechende Verwendung der Zuwendung nachzuweisen ist. Außerdem ist ein Prüfungsrecht der zuständigen Dienststellen oder ihrer Beauftragten festzulegen (...)" (§ 44 BHO (1)).

Zuwendungsnachweis

Bei öffentlichen Zuwendungen ist die Verwendung der bewilligten finanziellen Mittel nachzuweisen. Dieser **Verwendungsnachweis** ist in der Regel innerhalb von 6 Monaten nach Erfüllung des Zuwendungszweckes bzw. nach Ablauf des Bewilligungszeitraumes der Bewilligungsbehörde vorzulegen. Er besteht aus einem **Sachbericht** und einem **zahlenmäßigen Nachweis**. In dem Sachbericht sind die Verwendung der Zuwendung sowie der erzielte Erfolg und seine Auswirkungen darzustellen und im Einzelnen zu erläutern (BBJ Consult 1989, 69 ff.). Im zahlenmäßigen Nachweis sind die Einnahmen und Ausgaben voneinander getrennt nachzuweisen. Die Gliederung hat der des Finanzierungsplanes bzw. des Haushalts- oder Wirtschaftsplanes zu entsprechen. Der zahlenmäßige Nachweis dient der Feststellung, ob der Zuwendungsempfänger etwa noch Ansprüche aufgrund des Zuwendungsbescheides hat oder ob die Bewilligungsbehörde Rückforderungsansprüche gegen den Zuwendungsempfänger geltend macht.

In den Verwaltungsvorschriften zur BHO bzw. den Ausführungsvorschriften zur LHO werden Voraussetzungen genannt, die die freien Träger betreffen, weil diese für deren Einhaltung verantwortlich sind:

- Ordnungsgemäße Geschäftsführung beim Zuwendungsempfänger (z. B. Vereinseintragung, Satzung, Gemeinnützigkeit),
- Ordnungsgemäße Buchführung,
- Bestimmungsmäßiger Nachweis der erhaltenen Mittel,
- Keine Anfinanzierung von Vorhaben durch Zuwendungen ohne Sicherung der Gesamtfinanzierung.

Die genannten Voraussetzungen gelten sowohl für die Projektförderung wie auch für die institutionelle Förderung. Das Gebot der Bewilligung von Zuwendungen für noch nicht begonnene Maßnahmen betrifft nur die Projektförderung (BBJ Consult 1989, 28). Wurde vom Antragsteller ein Projekt bereits begonnen oder beendet, so wird von der Bewilligungsbehörde davon ausgegangen, dass das Projekt auch ohne öffentliche Gelder möglich ist bzw. kalkuliert war.

Im zahlenmäßigen Nachweis sind die Einnahmen und Ausgaben voneinander getrennt nachzuweisen. Die Gliederung hat der des Finanzierungsplanes bzw. des Haushalts- oder Wirtschaftsplanes zu entsprechen.

Die bewilligende Behörde hat das Recht, Bücher, Belege und sonstige Geschäftsunterlagen anzufordern sowie die Verwendung der Zuwendung vor Ort zu prüfen bzw. prüfen zu lassen. Auch der Rechnungshof ist zur Prüfung berechtigt. Im Fall von fehlerhafter oder nicht dem Förderungszweck entsprechender Verwendung können die Zuwendungen aufgehoben und zurückgefordert werden. In Abbildung 4.8 ist der Verfahrensablauf der Zuwendungsfinanzierung dargestellt.

Das geschilderte Zuwendungsverfahren wird von Seiten der Zuwendungsempfänger kritisiert, da es sich am Haushaltsjahr orientiert und folglich Unsicherheiten über die jährliche Anschlussbewilligung bestehen. Auch wird bemängelt, dass die Einrichtungen der Wohlfahrtspflege durch die hoheitliche Dominanz der Verwaltung im Zuwendungsverfahren Organisationen und Verhaltensweisen der öffentlichen Verwaltung übernommen hätten und das Zuwendungssystem als planwirtschaftliches Verfahren keine Motivation zu wirtschaftlichem Verhalten schaffe (Menninger 2006, 162). In der Folge werden Zuwendungs- und Leistungsverträge eingefordert.

4.1 Direkte Finanzierung (Zuschüsse)

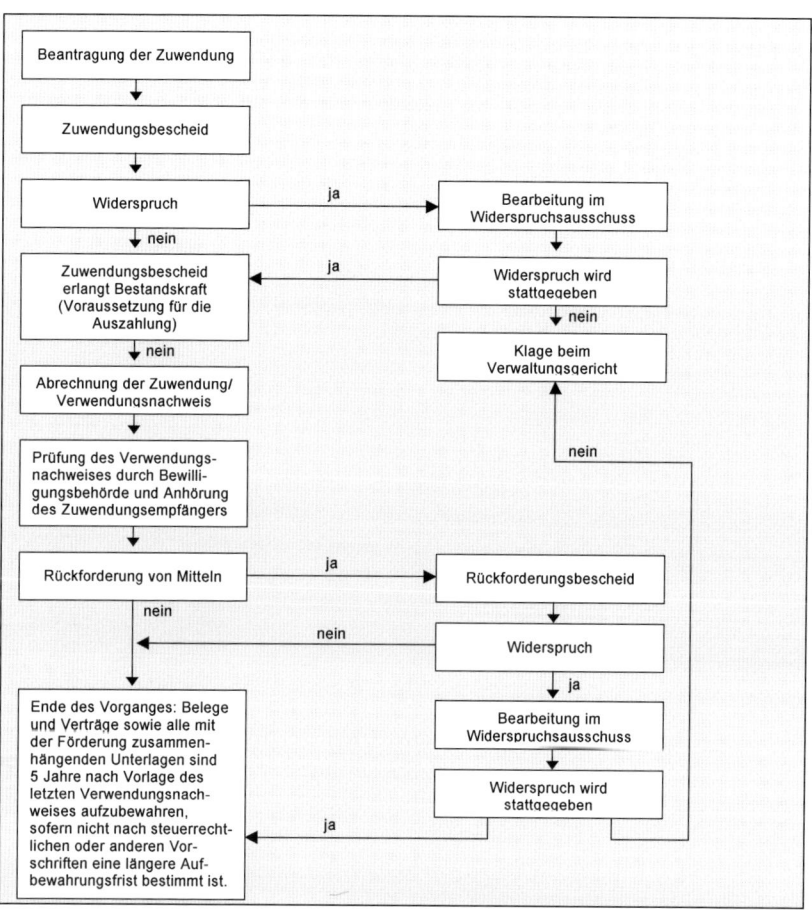

Abb. 4.8 Verfahrensablauf der Zuwendungsfinanzierung (Diakonisches Werk der EKD 1993, 292)

4.1.4 Zuwendungsverträge

Zuwendungsverträge sind öffentlich-rechtlich dominierte Koordinierungsverträge (Dahme 2008, 121) und ermöglichen die mehrjährige Vergabe einer Zuwendung, die Übertragung der Zuwendung in das nachfolgende Haushaltsjahr, aber auch die Spezifizierung des öffentlichen Prüfrechts und die Nichtanrechnung und Rückzahlung erwirtschafteter Eigenmittel (Merchel 2008, 208).

In der Diskussion steht 2010 das **Berliner Modell der Treuhandverträge**, bei denen zwischen der Verwaltung und dem Zuwendungsempfänger ein Treuhänder – z. B. der Paritätische Wohlfahrtsverband – geschaltet wurde, der ein vertragliches Treuhandverhältnis mit der zuwendungsgebenden Verwaltung und ein Förderverhältnis mit den Trägern einging. Mit diesen Verträgen wurden einerseits Kürzungen vertraglich vereinbart und andererseits das haushaltsrechtliche Jährlichkeitsprinzip bei Zuwendungen verlängert und der Entscheidungsspielraum der Verbände vergrößert (Menniger 2006, 164). So gesehen eine Win-win-Situation für beide Seiten. Dennoch wurden die Treuhandverträge 2010 vom Land Berlin gekündigt. Anlass war die Diskussion um den Chef der Berliner Treberhilfe, Ehlert, der sich einen Maserati als Dienstwagen und ein Gehalt von über 300.000 Euro/Jahr genehmigt hatte. Seine Treberhilfe war sowohl Mitglied des Diakonischen Werkes Berlin/Brandenburg als auch des Paritätischen Berlin. Nachdem sich nicht nur die Berliner Boulevardpresse echauffiert hatte, wurde von Seiten der politisch Verantwortlichen in Berlin gefordert, stärkere Steuerungs- und Kontrollmechanismen einzuführen, um einen entsprechenden Fall in Zukunft zu verhindern. Die Mittelvergabe und -kontrolle soll nun im Rahmen einer „Rekommunalisierung" wieder in die Verwaltung geholt werden und der Entscheidungsspielraum der Verbände beschnitten werden.

4.1.5 Leistungsverträge

Ein partiell die Zuwendungsfinanzierung ablösendes Finanzierungsinstrument sind Leistungsverträge. Hierunter sind privatrechtliche Vereinbarungen zwischen dem Staat und Anbietern sozialer Dienstleistungen zu verstehen. Mit einem Leistungsvertrag erwirbt der Staat für einen bestimmten Zeitraum eine von Anfang an konkretisierte Leistung eines freien Trägers oder eines anderen Anbieters, die jener gegenüber gesetzlich aber auch vertraglich begünstigten Dritten zu erbringen hat" (Mehls/Salas-Gomez 1999, 6).

Bei Leistungsverträgen gilt nicht mehr die Über- und Unterordnung des Verwaltungsrechts, sondern der Grundsatz des Aushandelns auf fachlicher und bedarfsorientierter Basis, denn für eine klar beschriebene Leistung wird ein Entgelt bezahlt, das heißt, es werden Dienstleistungen eingekauft. Während mit einer Zuwendung die Einrichtung oder einzelne Projekte in ihrer Zielsetzung gefördert und die Aufgaben des Zuwendungsempfängers mit einer Geldleistung unterstützt werden, die dem Empfänger mit bestimmten Auflagen für die Mittelverwendung zur Verfügung gestellt wird, ohne dass die Geldleistung mit der Erwartung einer bestimmten Gegenleistung verbunden wird, sind in Leistungsverträgen Leistung

4.1 Direkte Finanzierung (Zuschüsse)

und Gegenleistung genau bestimmt. Es ist nicht die eigene Zielstellung oder die Realisierung des eigenen Konzepts Gegenstand des Leistungsvertrages, sondern die Auftragserfüllung. In der Praxis geht es um eine konkrete Festlegung und Abrechnung von Einzelleistungen, das heißt, freie Träger erbringen Leistungen, die nach Art, Inhalt, Umfang und Qualität beschrieben werden.

Zuwendungen	Leistungsverträge
• sind Verwaltungsakte.	• sind beidseitige Vereinbarungen.
• Gegenstand ist die Förderung von Zwecken freier Träger.	• Gegenstand ist die Leistungserbringung für den öffentlichen Träger gegen Entgelt.
• Die zweckentsprechende Verwendung muss nachgewiesen werden.	• Die vereinbarte Leistung muss dokumentiert werden.

Abb. 4.9 Zuwendungen versus Leistungsverträge (eigene Darstellung)

Beim Abschluss von Leistungsverträgen sollten die nationalen und europäischen Vergabe- und Wettbewerbsregeln berücksichtigt werden, auch wenn nach Meinung von Juristen für den sozialen Bereich für Dienste von allgemeinem wirtschaftlichen Interesse eine Ausnahmemöglichkeit von den Wettbewerbsregeln und somit keine Ausschreibungspflicht, besteht. Als ein solcher gemeinwirtschaftlicher Dienst wird im Allgemeinen die Daseinsvorsorge angesehen, zu denen auch die Leistungen der Wohlfahrtspflege in bestimmten gesundheitlichen und sozialen Bereichen zählt (Teske, 2006, 60). Doch in der Praxis werden in der Regel Ausschreibungen durchgeführt. Es dürfen dabei lediglich Anbieter gewählt werden, die eine erforderliche Fachkunde, Leistungsfähigkeit und Zuverlässigkeit besitzen. Also soll dem wirtschaftlichsten und nicht dem billigsten Anbieter der Zuschlag erteilt werden. Kritiker von Ausschreibungsverfahren sehen eine Gefahr darin, dass große Anbieter europaweit den Markt beherrschen können. Doch Brinkmann gibt zu bedenken, dass mit Ausnahme der Personalservice-Agenturen und Eingliederungsmaßnahmen gegenwärtig von einem deregulierten Ausschreibungsmarkt sozialer Dienstleistungen nicht die Rede sein kann (Brinkmann 2010, 160).

Das Instrument des Leistungsvertrages wirkt zunächst aufwendiger als die Zuwendungsfinanzierung. Doch das, was zunächst als zusätzlicher Aufwand erscheint, ist das entscheidende strukturelle Element, denn beim Leistungsvertrag wird der tatsächlich zu erbringende Umfang und auch dessen Gegenleistung bestimmt. Damit erhalten Staat und Leistungsanbieter mittelfristige Planungssicherheit. Denn während Zuwendungen bei nicht oder zweckfehlender Verwendung unter einem

Rückforderungsbehalt stehen, bleibt der Anspruch auf das vertraglich vereinbarte Entgelt (soweit Leistungsstörungen nicht auftreten) bestehen (Mehls/Salas-Gomez 1999, 6ff.). Weitere Vorteile von Leistungsverträgen bestehen in der Standardisierung, Transparenz, Evaluationsfähigkeit und dem Anreiz, Überschüsse zu erwirtschaften und sich im jeweiligen Leistungssegment dauerhaft zu positionieren (Brinkmann 2010, 161). Allerdings verbleibt das Risiko der Leistungserfüllung immer beim Leistungsersteller (Brinkmann 2010, 159). Er muss seine Kosten so steuern, dass sie durch die Einnahmen gedeckt werden, folglich müssen die Träger ihre Organisationsstrukturen leistungs- und ergebnisorientiert gestalten (Menninger 2006, 162).

Da es sich bei Leistungsverträgen um privatrechtliche Verträge, also nicht um Zuwendungen handelt, sind Verwendungsnachweise nicht notwendig. Die Leistungen werden nicht nach der Verwendung, sondern nach Qualität und Erfolg bemessen. Hierbei trägt der Leistungsanbieter das unternehmerische Risiko.

Fazit

Mit der direkten Objektfinanzierung wird die soziale Einrichtung als Solche (institutionelle Förderung) oder ein bestimmtes Vorhaben (Projektförderung) finanziert.

Es handelt sich hierbei um Subventionen und Zuwendungen die als freiwillige Leistungen der Gebietskörperschaften zur Erreichung eines bestimmten, im öffentlichen Interesse gelegenen Zweckes gewährt und'bei nicht sachgerechter und/oder unwirtschaftlicher Mittelverwendung zurückgefordert werden können. Die zweckentsprechende Verwendung der Mittel muss nachgewiesen werden. Das Instrumentarium wird partiell durch privatwirtschaftliche Leistungsverträge ersetzt.

4.2 Indirekte Finanzierung (Leistungsentgelte)

In diesem Kapitel werden indirekte Finanzierungsmöglichkeiten in Form von Leistungsentgelten vorgestellt. Behandelt werden:

- allgemeine Grundprinzipien, Formen, Auswirkungen und Kalkulationsbedingungen von Leistungsentgelten und die Besonderheiten im Sozialhilfegesetz (SGB XII) und in den Regelungen der Kinder- und Jugendhilfe (SGB VIII) sowie

4.2 Indirekte Finanzierung (Leistungsentgelte)

- die Leistungsgeldformen tagesbezogener Leistungsentgelte („Pflegesätze) und Fachleistungsstunden.

4.2.1 Grundprinzipien

Leistungsentgelte sind Einnahmen aus dem Verkauf von Dienstleistungen. Die Entgelte werden von den Sozialleistungsträgern oder von den Klienten selbst gezahlt.
Da nur in Ausnahmefällen Klienten sozialer Einrichtungen und Dienste ein kostendeckendes Leistungsentgelt zahlen können, sind soziale Einrichtungen bzw. Dienste auf eine Kostenerstattung durch die Sozialleistungsträger angewiesen.

Formen

Da gegenüber den Kostenträgern nicht der Leistungsträger, sondern der Leistungsempfänger anspruchsberechtigt ist und um die aufwendige Abrechnungen für jeden Einzelfall zu vermeiden, können zwischen dem Sozialleistungsträger und den sozialen Einrichtungen und Diensten bzw. deren Träger Leistungsentgelte vereinbart werden, auf deren Grundlage die Kosten unmittelbar abgerechnet werden können. Die Mittel können im **Rahmen des sozialrechtlichen Dreiecksverhältnisses**, aber auch in Form von Gutscheinen oder als Geldleistungen, über die der Leistungsempfänger frei entscheiden darf, zur Verfügung gestellt werden (**Einkaufsmodell**).

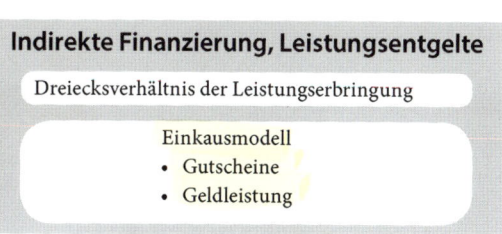

Abb. 4.10 Überblick über die indirekte Finanzierung (eigene Darstellung)

Bei der indirekten (Subjekt) Finanzierung wird nicht die soziale Einrichtung als Solche finanziert, sondern es werden Leistungsentgelte aus dem Verkauf von sozialen Dienstleistungen erzielt.

Leistungsempfänger können aufgrund sozialrechtlicher Bestimmungen soziale Dienstleistungen erhalten, deren Kosten von den Kostenträgern übernommen werden (Dreiecksverhältnis der Leistungserbringung) oder aber Geldleistungen bzw. Gutscheine mit denen sie soziale Dienstleistung kaufen können (Einkaufsmodell).

Auswirkungen

Durch die Einführung von Leistungsentgelten werden nicht mehr die Einrichtungen bzw. die Dienste, sondern die erbrachten Leistungen finanziert und somit **Marktstrukturen** eingeführt, von denen man sich eine **Kostendämpfung** erhofft. Die Folge ist eine zunehmende Konkurrenz sozialer Einrichtungen, die über den Preis ausgetragen wird.

Leistungsentgelte werden auf der Grundlage ökonomischer Kriterien kalkuliert. Es stellt sich die Frage nach Qualität und Umfang der Leistung sowie nach Effektivität und Effizienz. Das Ziel-Mittel-Verhältnis wird diskutiert und Angebote werden verglichen mit dem Ziel, dem preiswertesten Anbieter den Zuschlag zu erteilen. Da nicht mehr nur einzelne Belege, sondern die erbrachten Leistungen von den Kostenträgern geprüft werden, verändert sich das Verhältnis zwischen freier und öffentlicher Wohlfahrtspflege grundlegend.

„Während früher die freie Wohlfahrtspflege in ihrer Aufgabenerfüllung unterstützt wurde, so kommt es künftig zu einer geschäftsmäßigen Leistungsbeziehung. Der eine bestellt und bezahlt, der andere liefert und kassiert" (Pfannendörfer 1999, 4).

Kalkulation

Bei der Kalkulation von Leistungsentgelten müssen aus Sicht der Einrichtungen und Dienste mindestens folgende Positionen berücksichtigt werden:

1. Personalkosten

- Lohnkosten,
- Lohnnebenkosten,
- Fortbildungskosten.

2. Sach- und Betriebskosten

- Mieten, Strom etc.,
- Fahrtkosten,
- Betreuungsaufwand,
- Abschreibungen,
- Verwaltungskosten,
- Geschäftsführungsanteil,
- Versicherungen,
- je nach Eigenart der Dienstleistung weitere Positionen.

3. Investitionen

alles was darüber hinausgeht direkt Finanzierung

Leistungsvereinbarungen in der Sozialhilfe (SGB XII)

Sozialhilfeträger sind zur Übernahme einer Vergütung nur verpflichtet, wenn mit den Einrichtungen freier Träger eine Leistungs-, der Vergütungs- und Prüfvereinbarung besteht (§ 75 (3) SGB XII).

Vereinbarungen im SGB XII
Leistungsvereinbarung
Vergütungsvereinbarung • Grundpauschale • Maßnahmenpauschale • Prüfvereinbarung
Prüfvereinbarung

Abb. 4.11
Vereinbarungen im SGB XII (eigene Darstellung)

Leistungsvereinbarungen

Die Leistungsvereinbarung *„muss die wesentlichen Leistungsmerkmale festlegen, mindestens jedoch*

- *die betriebsnotwendigen Anlagen der Einrichtung,*
- *den von ihr zu betreuenden Personenkreis,*
- *Art, Ziel und Qualität der Leistung,*
- *Qualifikation des Personals sowie*
- *die erforderliche sächliche und personelle Ausstattung.*

In die Vereinbarung ist die Verpflichtung der Einrichtung aufzunehmen, im Rahmen des vereinbarten Leistungsangebotes Leistungsberechtigte aufzunehmen und zu betreuen. Die Leistungen müssen ausreichend, zweckmäßig und wirtschaftlich sein und dürfen das Maß des Notwendigen nicht überschreiten" (§ 72 (1) SGB XII).

Vergütungsvereinbarungen

Die Leistungen werden vergütet, müssen aber die konkreten Kosten der Einrichtung abdecken.

Die Vergütungen müssen mindestens aus den Pauschalen für Unterkunft und Verpflegung (**Grundpauschale**) und Pauschalen für die Maßnahmen (**Maßnahmepauschale**) für die sozialpädagogische, pflegerische oder heilpädagogische Betreuung sowie einem Betrag für betriebsnotwendige Anlagen einschließlich ihrer Ausstattung (**Investitionsbetrag**) bestehen (§ 76 (2 SGB XII). Die Maßnahmenpauschale, variiert nach dem individuellen Hilfebedarf der Klienten. Damit die Preisfindung nicht überkompliziert wird, werden die Hilfebedarfe klassifiziert. Dies geschieht zum einen nach dem Leistungstyp der Einrichtung und zum anderen nach dem klassifizierten Hilfebedarf. Dies erfordert von den Einrichtungen eine interne Kosten- und Leistungstransparenz.

Prüfvereinbarung

Die gesetzlichen Regelungen für die Prüfung der Leistungen sind wenig konkret. Es sollen lediglich Grundsätze und Maßstäbe für die Wirtschaftlichkeit und die Qualitätssicherung festgelegt und Verfahren für den Inhalt und zur Durchführung von Wirtschaftlichkeit und Qualitätsprüfungen entwickelt werden (§ 76 (3) SGB XII).

Leistungsvereinbarungen in der Kinder- und Jugendhilfe (SGB VIII)

Die Regelungen im SGB VIII weisen Gemeinsamkeiten mit den Regeln des SGB XII auf. Voraussetzung für die Übernahme von Leistungsentgelten durch die öffentliche Jugendhilfe sind Leistungs-, Entgelt und Qualitätsentwicklungsvereinbarungen (§ 78 b SGB VIII).

4.2 Indirekte Finanzierung (Leistungsentgelte)

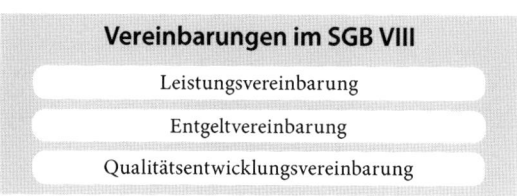

Abb. 4.12 Vereinbarungen im SGB VIII (eigene Darstellung)

In der Kinder- und Jugendhilfe werden Leistungsentgelte aufgrund von Entgeltvereinbarungen gezahlt. Eine Erhöhung kann nur dann verlangt werden, wenn der öffentliche Träger dem vorher zugestimmt hat. Die Vereinbarungen sind prospektiv zu gestalten, ein nachträglicher Ausgleich ist nicht möglich. Nur bei unvorhergesehenen wesentlichen Veränderungen der Annahmen, die der Entgeltvereinbarung zugrunde lagen, können die Entgelte neu verhandelt werden (§ 78 d (3) SGB VIII).

Grundlage der Entgeltvereinbarungen sind auch in der Jugendhilfe **Leistungsvereinbarungen** zwischen Einrichtungen und Diensten und öffentlichen Kostenträgern (s. Anlage). Sie beinhalten neben den differenzierten Entgelten für Leistungsangebote und die betriebsnotwendigen Investitionen (§ 78 b (1) Ziff. 2 SGB VIII) folgende Ebenen:

- Art, Ziele und Qualität des Leistungsangebots,
- den in der Einrichtung zu betreuenden Personenkreis,
- die erforderliche sachliche und personelle Ausstattung,
- die Qualifikation des Personals sowie
- die betriebsnotwendigen Anlagen der Einrichtung (Inhalt der Leistungs- und Entgeltvereinbarungen, § 78 c SGB VIII).

Insbesondere ist die Qualifikation des Personals explizit mit aufzuführen.

Des Weiteren sind Grundsätze und Maßstäbe für die Bewertung der Qualität der Leistungsangebote sowie geeignete Maßnahmen zu ihrer Gewährleistung (**Qualitätsentwicklungsvereinbarungen**) (§ 78 b (1) Ziff. 3 SGB VIII) aufzustellen. § 78 b SGB VIII fordert **geeignete Träger**. Das heißt, dass Vereinbarungen mit den Trägern abzuschließen sind, die unter Berücksichtigung der Grundsätze der Leistungsfähigkeit, Wirtschaftlichkeit und Sparsamkeit zur Erbringung der Leistung geeignet sind. In der Folge entsteht zunehmend ein Konkurrenzkampf zwischen den Trägern.

In einer Entgeltvereinbarung wird das Entgelt für Leistungen auf dem gemeinsam angestrebten Qualitätsniveau und die dafür erforderlichen betriebsbedingten Investitionen festgelegt (§ 78 c SGB VIII). Entgeltfähige Grundleistungen sind beispielsweise Wohnen, Lebensunterhalt, individuelle Förderung etc. Örtliche Kostenträger zahlen dann im Falle einer stationären Unterbringung einen vereinbarten Entgeltsatz pro Tag und Kind an die Einrichtung. Die Zusammensetzung des Pflege- bzw. Tagessatzes wird in den Entgeltvereinbarungen mit dem zuständigen Jugendamt festgelegt. Nach der Einleitung eines Hilfeplanverfahrens und der Bewilligung durch das entsprechende Jugendamt werden darüber hinaus die Kosten von individuellen Maßnahmen durch Pauschalen vom Jugendhilfeträger übernommen (Brinkmann 2010, 169).

Rahmenverträge

Sowohl die Regelungen der Sozial- wie auch der Kinder- und Jugendhilfe sehen vor, dass auf Landesebene Rahmenverträge zwischen den Kostenträgern und den Verbänden der Einrichtungsträger geschlossen (§ 79 SGB XII, §78f SGB VIII) und zur Regelung von Konfliktfällen Schiedsstellen eingerichtet werden sollen (§ 80 SGB XII; § 78g SGB VIII). Zwar gibt es auch eine ganze Anzahl von Leistungsvereinbarungen, die ohne Bezug auf Rahmenverträge als einzelvertragliche Regelung zustande gekommen sind, doch der überwiegende Teil basiert auf Rahmenverträgen, deren Ziel auch darin besteht, Standards zu setzen und zu einer Erhöhung von Planbarkeit, Rechtssicherheit und Vergleichbarkeit beizutragen. Durch die Rahmenverträge wird u. a. sichergestellt, dass Chancengleichheit zwischen unterschiedlichen Leistungsanbietern und Transparenz erzeugt wird. Sie legen fest, nach welchen Grundsätzen Entgelte für die vereinbarten Leistungen vereinbart werden.

4.2.2 Formen von Leistungsentgelten

Je nach Arbeitsfeld und sozialrechtlicher Bestimmung, werden Leistungsentgelte in der Regel tagesgeldbezogen oder pro Fachleistungsstunde bezahlt.

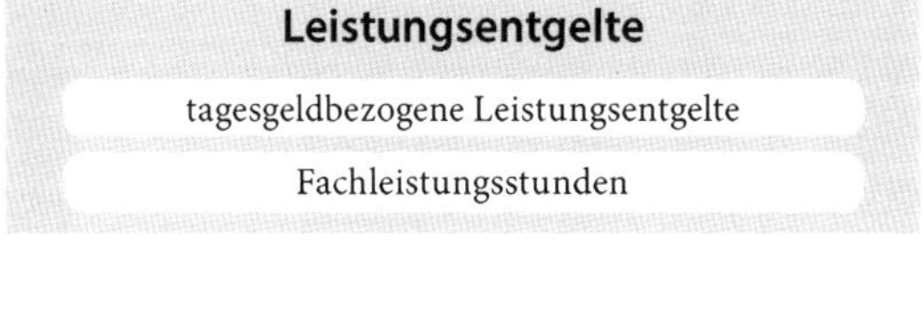

Abb. 4.13
Formen von Leistungsentgelten
(eigene Darstellung)

Leistungsentgelte
- tagesgeldbezogene Leistungsentgelte
- Fachleistungsstunden

Tagesbezogene Leistungsentgelte („Pflegesätze")

Tagesbezogene Leistungsentgelte – traditionell Pflegesätze genannt – sind die übliche Finanzierungsform für stationäre und teilstationäre Einrichtungen in der Kinder- und Jugendhilfe, der Behindertenhilfe, der Altenpflege, für Frauenhäuser, Obdachlosenheime, Suchtkliniken oder Psychiatrien (Halfar 2008, 360). Es handelt sich um eine Vergütung für jeden Kalendertag der Verweildauer eines Klienten in einer Einrichtung. Sie werden zwar als prospektives Tageshonorar verhandelt, sind aber de facto immer noch an den (durchschnittlichen und konkreten) Kostenstrukturen der Einrichtung, den sogenannten Selbstkosten, orientiert. Basis der traditionellen Berechnung ist dann eine Divisionskalkulation.

	Personalkosten
+	Sachkosten
+	Instandhaltung
+	Abschreibungen[4]
	Bruttoaufwendungen
–	betriebsbedingte Nebenerträge
	Nettoaufwendungen = Selbstkosten

$$\frac{\text{Selbstkosten}}{\text{rechnerische Vollbelegung} \times \text{Nutzungstage}} = \text{tagesbezogenes Leistungsentgelt}$$

$$\frac{1{,}5 \text{ Mio. € Selbstkosten}}{100 \text{ Plätze (80\% der tatsächlich vorhandenen } 125 \text{ Plätze)} \times 300 \text{ Nutzungstage}} = \underline{50 \text{ € (tagesbezogenes Leistungsentgelt)}}$$

Zu beachten ist, dass bei einer derartigen Kalkulation von einer annähernd vollständigen Kapazitätsauslastung ausgegangen wird. Da tagesgeldbezogene Leistungsentgelte aber prospektiv ausgehandelt werden, liegt das Risiko bei geringerer Auslastung beim Träger (Merchel 2008, 207).

---

4 Sie entfallen, wenn Investitionszuschüsse gezahlt werden.

Fachleistungsstunden

Ambulante und präventive soziale Dienstleistungen sind von ihrem Umfang und von ihrer Verteilung her nicht in tagesbezogene Leistungsentgelte kalkulierbar und abrechenbar. So wird in der Frühförderung behinderter Kinder, in den Hilfen zur Erziehung (§§ 27 ff. und 77 SGB VIII), in der Betreuung selbstständig wohnender behinderter Menschen, in der sozialpädagogischen Familienhilfe oder bei erzieherischen Zusatzleistungen der Bedarf an sozialpädagogischen Leistungen häufig in sog. Fachleistungsstunden übersetzt (Halfar 2008, 362).

Bei der Fachleistungsstunde werden ausschließlich Aufwendungen festgehalten, die zur Vorhaltung der Betreuungskapazität einer Einrichtung und deren Personal- und Sachkosten für die Mitarbeiter erforderlich sind (Brinkmann 2010, 171).

Der Kostensatz wird aus den Gesamtkosten ermittelt, indem die Summe der jährlichen Aufwendungen durch die Anzahl der jährlich erbringbaren Betreuungsstunden dividiert wird.

$$\frac{\text{Jahrespersonal- und Sachkosten}}{\text{Nettojahresarbeitszeit der Fachkraft}} = \text{Stundensatz}$$

Der Nachweis der geleisteten Stunden erfolgt durch die Vorlage einer geeigneten, fallbezogenen Stundenaufschreibung zum Zeitpunkt der Leistungsabrechnung.

Sponsoring und Fundraising als Mittel der Eigenfinanzierung

5

Zusammenfassung

Aufgrund der hohen Relevanz für gemeinnützige Einrichtungen, widmet sich dieses Kapitel dem Sponsoring und der Akquise von Spenden, Stiftungsmitteln, Mitgliedsbeiträgen, Sammlungen etc. Es werden folgende Themen behandelt:

- Die Rolle von Unternehmen beim Sponsoring
- Unterschiede zwischen Sponsoring und Spenden
- Erläuterungen zu Sach- und Geldspenden
- Die besondere Rolle von Stiftungen

Schon 1967 entschied das Bundesverfassungsgericht, dass eine Förderung freier Einrichtungen nur dann in Betracht kommen kann, wenn der freie Träger eine nach den Verhältnissen und seiner Finanzkraft angemessene **Eigenleistung** erbringt. Da soziale Einrichtungen nur in Ausnahmefällen durch den Verkauf von Dienstleistungen auf dem freien Markt Eigenmittel erzielen können, sind sie auf:

- Zusätzliche Entgelte durch Sponsoring und
- Aquirierung von Eigenmitteln durch Mitgliedsbeiträge, Spenden, Sammlungen etc. (Fundraising) angewiesen.

5.1 Sponsoring

Sponsoring (*Sponsor* = engl. *Pate, Schirmherr oder Gönner*) ist eine **Förderung durch Unternehmen, für die eine Gegenleistung erwartet wird.**

„*Sponsoring bedeutet die Analyse, Planung, Umsetzung und Kontrolle sämtlicher Aktivitäten, die mit der Bereitstellung von Geld, Sachmitteln, Dienstleistungen oder Know-how durch Unternehmen und Institutionen zur Förderung von Personen und/ oder Organisationen in den Bereichen Sport, Kultur, Soziales, Umwelt und/ oder den Medien unter vertraglicher Regelung der Leistung des Sponsors und Gegenleistung des Gesponserten verbunden sind, um damit gleichzeitig Ziele der Marketing- und Unternehmenskommunikation zu erreichen*" (Bruhn 2010, 6 f.).

Tab. 5.1 Sponsoring-Kuchen (Förderschwerpunkte in Prozent des Gesamtvolumens) (Bob Bomliz Group 2004/ Hermanns 2008/ 2010)

	2004	2008	2010
Sport	44,1 %	44,2 %	44,5 %
Kunst/ Kultur	28,7 %	21,1 %	18,2 %
Soziales	14,7 %	15,7 %	16,0 %
Bildung/ Wissenschaft	6,4 %	12,3 %	13,1 %
Medien	3,6 %	3,5 %	3,4 %
Öko	2,5 %	2,6 %	3,4 %

Das **Sport-Sponsoring** ist die älteste und umfassendste Sponsoringart. Die Wirkung, die durch die Werbung entsteht, ist der Hauptanreiz der Unternehmen als Sponsor aufzutreten. An zweiter Stelle steht das **Kunst- und Kultursponsoring**, das ebenfalls eine starke Werbewirkung hat und an dritter Stelle das **Sozial-Sponsoring**.

Anders als in den USA steht nicht die Produktwerbung im Mittelpunkt des Sozial-Sponsorings. Unternehmen wollen sich über ihre Verantwortung für die Gesellschaft profilieren.

Bekannte Sozial-Sponsoring-Beispiele sind das Engagement der C&A-Kette, die eine Kampagne des Kinderschutzbundes unterstützte, oder das der Berliner Firma PSI, eines in der Prozesstechnik engagierten Softwareunternehmens, das die Berliner-Aids-Hilfe sponserte. Außerdem das Sponsoring der UBS-Spendenstiftung Optimus Foundation einer Schweizer Großbank die das Präventionsprojekt „Mein Körper gehört mir" unterstützt, welches Kinder vor sexueller Gewalt schützen soll.

Merkmale des Sponsorings

Sponsoring ist abhängig von der **jeweiligen vorherrschenden Gesellschafts- und Kulturform**. In Amerika ist es für viele Unternehmen traditionell selbstverständlich, Kunst, Wissenschaft oder soziale Einrichtungen finanziell und/oder materiell zu fördern. In der Bundesrepublik besteht im Gegensatz zu Amerika ein ausdifferenziertes System der sozialen Sicherung, das, im Vergleich zu anderen Ländern, in der Vergangenheit mit ausreichenden Ressourcen ausgestattet war. In dem Maße, in dem die Anforderungen an die sozialen Sicherungssysteme zunehmen, wird bei begrenzten Ressourcen der Ruf nach neuen Finanzierungsquellen laut. So wächst allmählich auch in Deutschland die Akzeptanz für ein Sozial-Sponsoring, auch wenn immer noch die Befürchtungen groß sind, dass der unternehmerische Einfluss dadurch zu stark werden könnte.

5.1.1 Sponsoring in Form von Sach- und Dienstleistungen

Sponsoring kann nicht nur als Geld-, sondern auch als Sach- und Dienstleistung erfolgen. So können Unternehmen durch die Bereitstellung ihrer Produkte einen Beitrag zur Lösung sozialer Probleme leisten.

Beispielsweise stellte die Felsgruppe in der Region Südostniedersachsen Baumaterialen für Selbsthilfeprojekte von Obdachlosen zur Verfügung, die sich leerstehende Gebäude herrichteten.

Sponsoring kann aber auch als Dienstleistung, z. B. als Hilfestellung beim Aufbau einer Kosten- und Leistungsrechnung, erfolgen. Die Veränderungen der öffentlichen Finanzierungsstrukturen und die Einführung neuer Steuerungsmodelle führen dazu, dass soziale Einrichtungen ein betriebswirtschaftliches Controlling aufbauen müssen und hierbei auf Erfahrungen aus der Erwerbswirtschaft angewiesen sind.

Beispiel

- Die Daimler AG stellt für das Projekt „Die Tafeln", im Rahmen dessen täglich im Lebensmittelhandel übrig gebliebene Waren an bedürftige Menschen abgegeben werden, Fahrzeuge zur Verfügung.
- Die Mehrzahl der deutschen Automobilhersteller gewährt hauptamtlich Beschäftigten karitativer Organisationen Sonderrabatte beim Kauf von Dienstautos.

- Die Deutsche Telekom unterstützt seit 1997 die Telefonseelsorge sowie das Kinder- und Jugendtelefon und freie Wohlfahrtsverbände durch die Bereitstellung von Mitarbeitenden und Know-how.

Quelle: Bruhn 2010, 294

Unter **Sozial-Sponsoring** wird die Bereitstellung von Geld- und Sachmitteln bzw. Dienstleistungen durch erwerbswirtschaftliche Unternehmen zur Förderung von sozialen Einrichtungen verstanden. Als Gegenleistung verkauft die soziale Einrichtung sozusagen das Produkt „Mitgefühl" als Ware. Der Sponsor erhält z. B. das Recht, den Namen der sozialen Einrichtung für Werbezwecke zu verwenden.

Verträge

Da Sponsoring **keine „selbstlose Tat"** – wie etwa die Spende – ist, sondern für eine **Leistung** eine **Gegenleistung** erwartet wird, werden in einem Vertrag (Sponsorship) Form, Art, Zeitpunkt und Dauer der Leistungen festgelegt.

5.1.2 Unternehmen als Sponsoren

Das Sponsoring dient dem Erreichen von Unternehmenszielen und entspringt dem erwerbswirtschaftlichen Gedanken der Gewinnerzielung. Sponsoring ist ein Instrument des Marketings. Der Sponsor, der Fördermittel zur Verfügung stellt, will, dass die Förderung bekannt wird.

Das Sponsoring dient folgenden Zwecken:

a) Imageverbesserung

Die sponserten Unternehmen erhoffen sich durch die Förderung sozialer Gruppen und Organisationen eine Imageverbesserung und somit eine **Akzeptanzsteigerung** in der Öffentlichkeit, wenn das Unternehmen nach außen seine sozialpolitische Verantwortung nach dem Motto „Tue Gutes und rede darüber!" dokumentiert und gleichzeitig seinen Bekanntheitsgrad erhöht.

Sponsoring dient aber auch intern der **Verbesserung des Unternehmensbildes** und soll im Binnenverhältnis die Identifikation der Mitarbeiter mit dem Unternehmen fördern (**Corporate Identity**). Man erhofft sich von der Übernahme gesellschaftlicher Verantwortung eine Verbesserung interner Beziehungen und eine Stärkung der Mitarbeitermotivation.

b) Werbung

Neben der Imageverbesserung kann das Sponsoring eine direkte Werbewirkung für Unternehmen haben. Die klassischen Werbemedien der Unternehmen sind die **Produktwerbung über Print- oder elektronische Medien.**

Sozial-Sponsoring benötigt keinen Produktbezug. Thema ist das soziale Engagement des Unternehmens, das seiner gesellschaftlichen Verantwortung gerecht wird. Sozial-Sponsoring kann somit als Werbemaßnahme für Zielgruppen wirken, die durch die klassische Produktwerbung schwierig zu erreichen sind; wenn z. B. der Name des sponsernden Unternehmens über Informationsbroschüren oder Fahrzeuge sozialer Einrichtungen präsentiert wird.

Mögliche Ziele des sponsernden Unternehmens bzw. der gesponserten Einrichtung zeigt Abbildung 5.1:

Mögliche Ziele des sponsernden Unternehmens	Mögliche Ziele der gesponserten Einrichtung
• Imageverbesserung: • extern, • intern (Stärkung der Corporate Identity), • Suche nach werbegeeigneten Personen und Gruppen und nach medienwirksamen Themen und Veranstaltungen, • Vermarktung von Produkten im sozialen Bereich.	• Suche nach neuen Finanzierungs- und/ oder Sachleistungsquellen, • Suche nach Unterstützungen organisatorischer Art. (z. B. Hilfestellungen beim Aufbau eines Controllings), • Nutzung von Unternehmenskontakten zur Akquisition von Geldern.

Abb. 5.1 Ziele des Sponsorings (eigene Darstellung)

Berücksichtigung der Funktionssysteme

In dem Maße, in dem sich Funktionssysteme in der Gesellschaft ausdifferenzieren, gelten für die Wirtschaft statt moralischer zunehmend **rein ökonomische Codierungen**. Der Code des Funktionssystems „Wirtschaft" ist das Geld, der Code des Funktionssystems „Soziale Arbeit" ist jedoch die Hilfe. Das Sponsoring wird vor dem Hintergrund dieser Codes betrachtet. Für die **Erwerbswirtschaft** stellt sich die Frage: Ist das Sponsoring geeignet, um den Absatz eines Produkts (Werbung) oder die Zufriedenheit der Mitarbeiter (Corporate Identity) und somit die Effektivität des Unternehmens zu steigern oder nicht?

Für **soziale Einrichtungen**, die mit finanziellen Engpässen zu kämpfen haben, stellt sich die Frage, ob sie, um Hilfen für Menschen in Not sicherzustellen, zusätzliche Ressourcen akquirieren können. Die Kunst des Sozial-Sponsorings besteht darin, **Anschlussfähigkeiten zwischen diesen beiden Funktionssystemen zu schaffen und die Hilfe des sozialen Sektors für Menschen in Not in den Code des Funktionssystems „Wirtschaft" als Produkt „Mitgefühl" zu übersetzen und zu verkaufen.** „Mitgefühl" hat sich im Funktionssystem der Wirtschaft, dessen Logik der Gewinn ist, als rentables Werbeprodukt erwiesen.

Passungsfähigkeit

Um anschlussfähig zu werden, müssen die Ziele der Einrichtung und des Sponsors passungsfähig sein. Insbesondere Einrichtungen, die mit Kindern arbeiten, sind für viele erwerbswirtschaftliche Einrichtungen als potentielle Werbeträger positiv besetzt. McDonalds würde sicherlich liebend gerne den Kinderschutzbund sponsern, und VW würde sehr gerne Greenpeace als Werbeträger für den Öko-Golf gewinnen.

Die entscheidende Frage lautet deshalb: Was setzt der Sponsor vom Werbeträger „soziale Einrichtung" ein, um mehr Produkte zu verkaufen und mehr Geld zu verdienen?

Abhängigkeiten

Sponsoring ist abhängig von der Finanzlage des Unternehmens. Das heißt, die gesponserten Einrichtungen müssen mit einem „Stop and Go" der Gelder rechnen und sollten daher nur zusätzliche Maßnahmen über gesponserte Mittel finanzieren. Hinzu kommt, dass eine Einrichtung in ein Abhängigkeitsverhältnis geraten kann, wenn ein mächtiger Sponsor Einfluss auf die Arbeit und die Inhalte der Einrichtung nehmen will.

Der erwerbswirtschaftliche Code des Geldes hat Auswirkungen auf die oftmals sensible Arbeit sozialer Einrichtungen, die auch denen Hilfe gewähren, die im Funktionssystem der Wirtschaft Schaden erlitten haben: Was passiert im Blick der Öffentlichkeit, wenn ein Unternehmen, das massiv Arbeitsplätze abbaut, Arbeitslosenprojekte unterstützt?

5.1.3 Konstruktionselemente des Sponsorings

Soziale Einrichtungen, die durch ein Sponsoring Einnahmen erzielen wollen, müssen sich in die Logik erwerbswirtschaftlicher Unternehmen, denen es in erster

Linie um die Erwirtschaftung von Gewinnen geht, hineindenken. Das Marketing erwerbswirtschaftlicher Unternehmen orientiert sich an Kunden, die für Produkte bezahlen. Die Werbung der Unternehmen zielt darauf, die Aufmerksamkeit dieser Kunden zu gewinnen. Doch darf die Situation von Menschen, die sich in Not befinden, als Werbethema missbraucht werden?

Deshalb sind folgende **Grundsatzentscheidungen** zu treffen, bevor ein Sponsoringvorhaben ins Auge gefasst wird:

1. Grundsatzentscheidung

- Wird ein Sponsoring grundsätzlich als sinnvoll für die soziale Einrichtung angesehen?
- Was passiert, wenn das Vorhaben bekannt wird? Führt ein Sponsoring evtl. zu einer Imageverschlechterung der sozialen Einrichtung und zu einer Demotivierung der Mitarbeiter?
- Akzeptieren die Klienten das Sponsoring?

2. Diagnose

Wenn die grundsätzliche Entscheidung gefallen ist, gilt es in einer Stärken- und Schwächen-Analyse das Profil der Einrichtung zu bestimmen.

Hierzu kann folgende Checkliste hilfreich sein:

Checkliste: Stärken- und Schwächen-Analyse

a. **Schwerpunkt der Arbeit**
- Welche Klientel wird bedient?
- Welches besondere Profil weist die Einrichtung auf?
- Eignet sich ein Teilbereich der Einrichtung besonders für ein Sponsoring?

b. **Analyse des Finanzbedarfs**
- Personalkosten,
- Sachkosten.

c. **Analyse der Pressearbeit**
- Was ist bisher über die Einrichtung veröffentlicht worden?
- Welche Medienkontakte bestehen?
- Wie gut ist die bisherige Öffentlichkeitsarbeit?

d. Firmenkontakte
Es wird eine Liste von möglichen Sponsorfirmen erstellt, die im Einzugsbereich anzutreffen sind oder die eine inhaltliche oder kommunikative Nähe zur Einrichtung aufweisen. Dabei sind Faktoren, wie Standort des Unternehmens, Klein-, Mittel- oder Großbetrieb, Vorhandensein einer Marketingabteilung, Produkte und Image, zu beachten.

3. Planung

Ausgehend von der erstellten Diagnose wird eine **Sponsoringstrategie** entwickelt.

In einem ersten Schritt werden die **Ziele** des Vorhabens formuliert: zusätzliche Finanzmittel erschließen, Sachleistungen oder Hilfestellungen bei Organisationsfragen, z. B. im Zuge der Umstellung der Organisation auf neue betriebswirtschaftliche Anforderungen.

In einem zweiten Schritt werden erste Vorstellungen zur inhaltlichen und rechtlichen **Gestaltung** formuliert.

4. Umsetzung

Zur Umsetzung des Vorhabens werden in einem ersten Schritt **Verantwortlichkeiten** festgelegt.

In einem zweiten Schritt wird ein **Akquisitionspapier** erstellt, das auf die Zielgruppe, die Aufgaben und Leistungen der Einrichtung (ggf. auch auf die Entstehungsgeschichte, die Organisationsstruktur etc.) und auf das geplante Sponsoringvorhaben Bezug nimmt.

In einem dritten Schritt ist zu klären, welche Unternehmen angesprochen werden sollen, wie das Sponsoringengagement des jeweiligen Unternehmens aussehen soll und welche Gegenleistung für die finanzielle Unterstützung erbracht werden kann (Vertragsdauer, Art und Umfang der Leistung etc.).

Die erste **Kontaktaufnahme** erfolgt telefonisch. Ist diese erfolgreich, wird das Vorhaben schriftlich formuliert und dem Unternehmen zugesandt. In den anschließenden Verhandlungen gilt es, neben den inhaltlichen und finanziellen, auch die steuer- und vertragsrechtlichen Ebenen zu beachten. Denn, da es sich beim Sponsoring um eine Betriebsausgabe des Unternehmens handelt, verlangt das Finanzamt Nachweise. Leistungen und Gegenleistungen müssen in Verträgen dokumentiert werden und sollten ausgewogen sein.

Für die soziale Einrichtung stellt das Sponsoring eine steuerpflichtige Einnahme dar. Die Höhe der Steuerabgaben ist dabei abhängig von der Art des mit dem

Sponsors geschlossenen Vertrages und davon, „ob der Gesponserte gemeinnützig oder nicht-gemeinnützig ist" (Bruhn 2010, 147).

5. Evaluation

Anhand von nachprüfbaren qualitativen und quantitativen Indikatoren zur Zielerreichung wird der Erfolg des Sponsoringvorhabens als **Erfassungsanalyse** (Kosten-/Nutzenabgleich) und als **Wirkungsanalyse** evaluiert. Hierzu wird untersucht, ob die Ziele des Vorhabens erreicht wurden, welche Auswirkungen das Sponsoring auf die Arbeit hatte und, welche Fehler gemacht wurden.

Abbildung 5.2 fasst die Abläufe noch einmal zusammen:

1. Grundsatzentscheidung (Wollen wir ein Sponsoring?)
⇩
2. Diagnose (Wer sind wir? Wo stehen wir?)
- Schwerpunkte der Arbeit
- Analyse des Finanzbedarfs
- Analyse der Pressearbeit
- Sponsorfirmen

⇩
3. Planung (Wo wollen wir hin?)
- Ziele formulieren (Finanzmittel, Hilfestellungen)
- Entwurf eines Sponsorships (inhaltliche und rechtliche Gestaltung)

⇩
4. Umsetzung (Wer macht wann, was?)
- Verantwortlichkeiten
- Akquisitionspapier (Zielgruppe, Aufgaben, Leistungen der Einrichtung, Sponsoringengagement des Unternehmens, Gegenleistung der Einrichtung)
- Kontaktaufnahme
- Vertrag (Sponsorship) (Art und Umfang der Leistungen)

⇩
5. Evaluation (War unser Vorhaben erfolgreich?) (qualitative und quantitative Indikatoren)
- Erfassungsanalyse (Kosten-/Nutzenabgleich)
- Wirkungsanalyse (Zielerreichung, Auswirkungen auf die Arbeit, Fehler?)

Abb. 5.2 Ablauf eines Sponsoringvorhabens (eigene Darstellung)

5.2 Fundraising

Unter **Fundraising** (fund = engl.: Geldsumme, raise = engl.: beschaffen) wird die Beschaffung von Mitteln für soziale Einrichtungen außerhalb einer staatlichen Förderung verstanden, ohne dass soziale Einrichtungen – wie beim Sponsoring – eine Gegenleistung erbringen.

Zwar gehören Erlöse aus dem Fundraising zur Gruppe der privaten Zuschüsse, doch können sie den Eigenmitteln zugerechnet werden. Soziale Einrichtungen, die Fundraising betreiben, haben somit bessere Chancen, öffentliche Mittel in Anspruch zu nehmen, denn in der Regel wird dafür ein Eigenmittelanteil gefordert.

Für Urselmann hat auch das Fundraising eine Marketingfunktion, weil soziale Organisationen, um Mittel zu erhalten, ihre Produkte potentiellen Förderern durch geschickte Kommunikation so „verkaufen" müssen, dass diese bereitwillig und mit gutem Gewissen spenden (Urselmann 2014, 709). Im Mittelpunkt des Fundraising steht folglich die Beziehung zwischen den Förderern und der sozialen Organisation. Förderer können Privatpersonen, Unternehmen oder öffentlich-rechtliche Körperschaften (z. B. öffentlich-rechtliche Stiftungen) sein. Abhängig von diesen Förderern sind unterschiedliche Motivationen und Kommunikationsmuster zu beachten. Für Privatpersonen steht oftmals die Philanthropie *(griech. = Menschenliebe)* im Vordergrund, für Unternehmen sind es wirtschaftliche und für öffentliche rechtliche Organisationen öffentliche Zwecke, die sie bewegen, Mittel zur Verfügung zu stellen. Fundraising verstanden als Marketing muss diese Motivationshintergründe beachten.

Die nachfolgende Abbildung zeigt, dass in Zukunft das Online-Fundraising immer mehr an Bedeutung zunehmen soll, währenddessen beispielsweise das Fundraising über den Postweg weiter abnimmt.

5.2 Fundraising

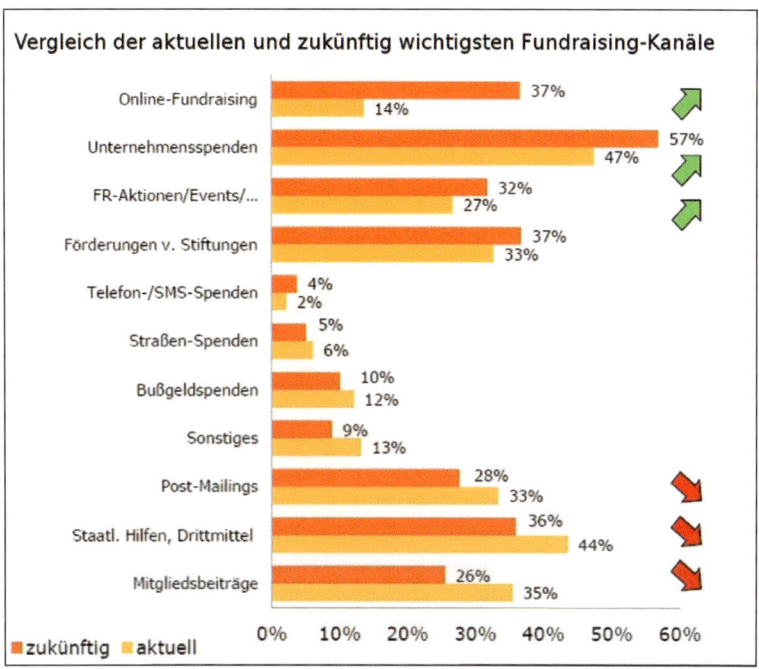

Abb. 5.3 Altruja Fundraising-Studie 2014 (http://www.altruja.de/assets/Ergebnisse-Online-Fundraising-Studie-2014.pdf. (Zugriff: 20.03.16)

Die wichtigste Fundraising-Ebene stellen die Spenden dar.

5.2.1 Spenden

Ein **Spender** ist ein Förderer der keine Gegenleistung erwartet. (Ob er aus einem altruistischen, selbstlosen Interesse handelt, auf eine gesellschaftliche Notlage reagiert oder aber, um sein schlechtes Gewissen zu beruhigen, bleibt dahingestellt.) Auch vertragliche und schriftliche Vereinbarungen sind unzulässig. Doch insbesondere im Bereich der Unternehmensspenden wird oftmals ein „Entgegenkommen" erwartet. Über die klassische Spendenwerbung hinaus wird das Firmenlogo des Spenders (z. B. in Broschüren) abgedruckt oder eine Pressemitteilung abgegeben. **Die Grenzen zum Sponsoring sind fließend.** Wie beim Sponsoring gilt auch für

Spenden, dass sie dann gut akquiriert werden können, wenn es sich um eine in der Gesellschaft besonders beachtete Zielgruppe handelt (z. B. Kinder, Behinderte etc.).

Spendenzwecke in Deutschland

Das Spendenaufkommen hat 2014 in Deutschland die Fünf-Milliarden-Euro-Grenze überschritten. Abbildung 5.4 schlüsselt die Bereiche auf, für die am meisten gespendet wurde.

Zweck	Anteil der Spender
Sofortnothilfe	31 %
Kinder- und Jugendhilfe	27 %
Behindertenhilfe	25 %
Kirche	23 %
Tierschutz	18 %
Wohlfahrtspflege/ Soziale Hilfen	16 %
Entwicklungshilfe	16 %
Umweltschutz	12 %
Bildung	2 %
Politik	2 %
Kunst	1 %

Abb. 5.4 Spendenaufkommen in Deutschland (TNS Infratest 2011)

Spendenmarketing

Insbesondere in den USA besteht ein systematisches Spendenmarketing.

So organisieren amerikanische Kirchengemeinden ihren Haushalt, indem schon zu Beginn des neuen Haushaltsjahres Spender in Verpflichtungserklärungen angeben, wie viel sie im nächsten Jahr spenden werden. Ohne derartige Erklärungen der Gemeindemitglieder wäre in den USA, die keine Kirchensteuer kennen, die Finanzierung einer Gemeinde gar nicht zu planen.

Ähnliches gilt für soziale Einrichtungen. Aus der Not ist dort ein systematisches Spendenmarkting entstanden, um die Finanzierung sozialer Einrichtungen über Spenden abzusichern. Die Amerikaner spenden im Jahr ca. 170.000 Millionen Euro, während die Deutschen nur 2.900 Millionen Euro spendeten (TNS Infratest 2011/ Giving USA 2011).

Um seriöse von unseriösen Anbietern abzugrenzen, vergibt das Deutsche Zentralinstitut für soziale Fragen (DZI) in Berlin ein Spendensiegel an Hilfsorganisationen, wenn sie den DZI Kriterien entsprechen.

5.2 Fundraising

Abb. 5.5
DZI-Spendensiegel (http://
www.caritas-international.
de/spendenhelfen/spender-
service/dzispendensiegel/
dzispendensiegel.aspx)

Berücksichtigung der Motivation der Spender

In Deutschland besteht ein entwickeltes System der sozialen Sicherung. Im Bewusstsein der Bevölkerung hat der Einzelne, nicht wie in den USA, evtl. das Gefühl, dass er der Allgemeinheit einen Dienst zu erweisen habe, denn der Erwerbstätige ist in der Regel der Ansicht, dass er durch seine Beitragszahlungen zu den Sozialversicherungen und seine Steuerzahlungen seinen Beitrag für das Gemeinwesen geleistet hat. Primäre Spendenmotive sind eher Werte und Glaubensgrundsätze, das Beruhigen eines schlechten Gewissens, die Zugehörigkeit zu einer bestimmten, z. B. religiösen Gruppe, aber auch der Versuch der Einflussnahme auf das Gemeinwesen; ggf. auch die Steigerung des Selbstwertgefühls oder das Bedürfnis dem eigenen Leben einen Sinn zu geben und über den Tod hinaus zu wirken. In einer Befragung der 500 größten Aktiengesellschaften in Deutschland gaben 84 % der Unternehmen die Image- und Beziehungspflege in der Region als Spendengrund an, betonten aber gleichzeitig zu 70 %, dass sie kein direktes geschäftspolitisches Interesse damit verfolgen (PWC 2007). Daher sollte das Spendenmarketing einer Sozialorganisation auf diese Motive reagieren und z. B. versuchen, das schlechte Gewissen potentieller Spender zu wecken, um Mittel zu akquirieren. Außerdem sollte drauf gezielt werden eine „langfristige Beziehung zwischen Organisation und Ressourcenbereitsteller" aufzubauen, denn umso länger und vertrauensvoller die Beziehung, umso größer ist auch die Bereitschaft auch größere Beträge zu spenden (Urselmann 2014, 713).

Erfolgsmeldungen

Soziale Einrichtungen sollten Spender über den Erfolg ihrer Spende informieren. Die Verwendung von Spenden für die tagtägliche Arbeit einer Organisation wirkt nicht immer motivierend für eine Folgespende, weil die Bedeutung von Spenden gegenüber anderen Finanzierungsquellen gering und soziale Arbeit im Bewusstsein der Bevölkerung eine öffentliche Aufgabe ist. Spenden sollten deshalb nur flankierend zur Finanzierung und am besten für konkrete Projekte genutzt werden. Dafür gilt es, Projekte zu beschreiben, die eine hohe Bedeutung für mögliche Spender haben sowie den Erfolg des Projektes zu dokumentieren und für ein Folgeprojekt Spenden zu akquirieren. Das Spendenmarketing bedient sich der Managementschritte Diagnose, Planung, Umsetzung und Evaluation.

Steuerliche Abzugsfähigkeit

Wie Abbildung 5.6 zeigt, sind die höheren Einkommensgruppen auch in Deutschland die wichtigsten Spender. Da die Abzugsfähigkeit von Spenden als Sonderausgaben für diese Gruppen aufgrund der Steuerprogression eine wichtige Rolle spielt, sind steuerrechtliche Fragen beim Spendenmarketing zu beachten.

Gesamtbetrag der Einkünfte in Euro	Partizipationsrate am Gesamtspendenvolumen
0 – 20.000	20,7 %
20.000 – 30.000	30,6 %
30.000 – 50.000	37,4 %
50.000 – 100.000	47,6 %
100.000 – 500.000	63,3 %
> 500.000	62,6 %

Abb. 5.6 Anteil am Gesamtspendenvolumen (Statistisches Bundesamt 2009)

Besondere Förderungswürdigkeit

Um Spendenquittungen ausstellen zu können, die vom Spender steuerlich geltend gemacht werden, muss eine gemeinnützige Einrichtung besonders förderungswürdig sein. (In der Anlage zu § 48 der Einkommensteuer-Durchführungsverordnung zu § 10 b EstG wird gefordert, dass Spendenquittungen nur von Einrichtungen ausgestellt werden dürfen, die mildtätige, kirchliche, religiöse und wissenschaftliche Zwecke und als besonders förderungswürdig anerkannte gemeinnützige Zwecke unterstützen.)

5.2.2 Stiftungen

Auch ein Teil der Stiftungen stellt sozialen Einrichtungen Mittel zur Verfügung. Die Zahl der rechtsfähigen Stiftungen lag am 31.12.2014 bei 20.784, wobei nicht alle gemeinnützig sind. Die Anzahl der Stiftungen wächst von Jahr zu Jahr. Alleine 2014 sind 691 Stiftungen neu dazugekommen. Dabei kommt NRW mit 4.059 auf die meisten Stiftungen, gefolgt von Bayern mit 3.764 und Baden-Württemberg mit 3.128 Stiftungen (Bundesverband deutscher Stiftungen 2014).

Beispiel

Wirtschaftsunternehmen die Stiftungen für soziale Zwecke gründeten:

- Die Deutsche Bank hat mit einem Stiftungskapital in Höhe von 50 Mio. Euro die Stiftung „Hilfe zur Selbsthilfe" gegründet und unterstützt mit den Erträgen aus dem Stiftungskapital förderungswürdige soziale Institutionen.
- Das Unternehmen McDonald's hat die McDonald's-Kinderhilfe errichtet. Sie unterhält Heime zur Betreuung schwerkranker Kinder und zur Unterstützung der Eltern in mittlerweile 15 Städten.

Quelle: Bruhn 2010, 293

Rechtsformen

Stiftungen können in unterschiedlichen Rechtsformen bestehen, so z. B. als rechtsfähige Stiftung des bürgerlichen Rechts. Eine **rechtsfähige Stiftung** ist eine eigenständige juristische Person, die zustande kommt, wenn Vermögen (mindestens 50.000 €) für einen bestimmten Zweck gestiftet wird. Diese Stiftungen können nicht mehr verändert werden, sie werden auf unbegrenzte Dauer geschaffen und sind von ihren Stiftern unabhängig. Öffentliche Aufsichtsbehörden sorgen dafür, dass die Stiftungen den Willen des Stifters, der in einer Satzung festgelegt ist, beachten.

Stiftungen gibt es schon seit dem Mittelalter, doch ein Großteil wurde am Anfang des 20. Jahrhunderts durch die Inflation vernichtet, ein anderer Teil im Zuge des Zweiten Weltkrieges, so dass die großen rechtsfähigen Stiftungen bürgerlichen Rechts (die größte ist die Bertelsmann-Stiftung) in der Zeit der Bundesrepublik Deutschland gegründet wurden.

Neben diesen **privaten Stiftungen** gibt es **öffentlich-rechtliche Stiftungen**, die gegründet werden, um öffentlich-rechtliche Aufgaben zu übernehmen. Die größte dieser Stiftungen ist die Stiftung Preußischer Kulturbesitz, zu der die Berliner Museen und Schlösser gehören. Es gibt aber auch Vereine und GmbHs, die den Zusatz Stiftung tragen und somit keine Stiftungen im rechtlichen Sinne sind, sondern eben Vereine oder GmbHs, die nur mit dem Namenszusatz Stiftung auf einen bestimmten Zweck hinweisen. Hierzu gehören die Stiftungen der Parteien (Friedrich-Ebert-Stiftung e. V., Konrad-Adenauer-Stiftung e. V. etc.), die nur ein geringes Vermögen besitzen und weitgehend auf öffentliche Mittel angewiesen sind, die sie verteilen.

Die größten deutschen Stiftungen auf der Basis ihres Vermögens

Es existieren auch gemeinnützige GmbHs, die den Namenszusatz Stiftung führen. In den folgenden Abbildungen werden die Stiftungen nach der Größe ihres Vermögens bzw. ihrer jährlichen Ausgaben aufgelistet.

Else Kröner Fresenius-Stiftung	6.200.000.000
Robert Bosch Stiftung GmbH	5.166.609.000
Dietmar Hopp Stiftung gGmbH	4.300.000.000
Klaus Tschira Stiftung gGmbH	3.907.978.000
VolkswagenStiftung	2.873.332.000
Deutsche Bundesstiftung Umwelt	2.113.100.000
Baden-Württemberg Stiftung gGmbH	2.063.242.000
Joachim Herz Stiftung	1.363.000.000
Alfred Krupp von Bohlen und Halbach Stiftung	1.101.877.000
Bertelsmann Stiftung	936.998.000
ZEIT-Stiftung Ebelin und Gerd Bucerius	875.273.000
Software AG-Stiftung	847.380.000
Gemeinnützige Hertie-Stiftung	718.978.000
Gerda Henkel Stiftung	710.000.000
Fritz Thyssen Stiftung	536.405.000
Körber-Stiftung	513.305.000

Abb. 5.7 Die größten gemeinnützigen Stiftungen privaten Rechts nach Kapital (Bundesverband Deutscher Stiftungen. Stand: 15. Juli 2015)

5.2 Fundraising

VolkswagenStiftung	195.799.000
Robert Bosch Stiftung GmbH	84.090.000
Bertelsmann Stiftung	77.865.000
Hans-Böckler-Stiftung	72.085.000
WWF-Deutschland	62.499.000
Deutsche Bundesstiftung Umwelt	60.109.000
Klaus Tschira Stiftung gGmbH	53.386.000
Baden-Württemberg Stiftung gGmbH	52.502.000
Stiftung Warentest	51.137.000
Stiftung Mercator	44.458.000
Dietmar Hopp Stiftung gGmbH	41.000.000
Deutsche Stiftung Denkmalschutz	33.338.000
Software AG-Stiftung	28.756.000
Gemeinnützige Hertie-Stiftung	27.075.000
Else Kröner-Fresenius-Stiftung	23.800.000
Fritz Thyssen Stiftung	22.974.000
ZEIT-Stiftung Ebelin und Gerd Bucerius	22.348.000

Abb. 5.8 Die größten gemeinnützigen Stiftungen privaten Rechts nach Gesamtausgaben (Bundesverband Deutscher Stiftungen. Stand: 15. Juli 2015)

Vergabekriterien

Jede Stiftung verfolgt bestimmte Ziele, auf die in einem Förderantrag eingegangen werden sollte. Es gilt, das Profil der Einrichtung und des beantragten Vorhabens dergestalt darzustellen, dass es mit diesen Zielen passungsfähig ist. Jeder Förderungsantrag muss vor diesem Hintergrund möglichst folgende Informationen enthalten (Nicolini 2006, 144):

- Projekt-Thema
- Zielgruppe und Zielsetzung
- Kurzdarstellung des Vorhabens
- Detaillierte Projektbeschreibung
- Konkreter Lösungsansatz
- Kostenplan
- Finanzierungsplan
- Zeitplan
- Kontaktmöglichkeiten

Stiftungen zur Förderung sozialer Einrichtungen

Stiftung Deutsche Klassenlotterie

Stiftungszweck ist die Förderung von sozialen, karitativen, kulturellen, staatsbürgerlichen und sportlichen Initiativen in Form von Zuwendungen. (Die Deutsche Klassenlotterie ist verpflichtet, einen Teil ihrer Umsatzerlöse und ihre Bilanzgewinne an die Stiftung abzuführen.) Sie stellt als Projektförderung Mittel für einzeln abgrenzbare Vorhaben oder als institutionelle Förderung, Mittel zu den Gesamtausgaben einer Einrichtung in Form von zweckgebundenen Zuschüssen, von Grundstücken, grundstücksgleichen Rechten, Gebäuden oder beweglichen Sachen ohne angemessene Gegenleistung (nachrangig), als Verlustdeckungszusage oder Bürgschaftsübernahme, als Darlehen oder bedingt rückzahlbare Leistungen, als Schuldendiensthilfen oder in Form von anderen nicht rückzahlbaren Leistungen zur Verfügung (www.lotto-stiftung-berlin.de. Stand: 18.10.2015).

Deutsche Kinder- und Jugendstiftung

Die Deutsche Kinder- und Jugendstiftung ist Teil eines internationalen Netzwerkes (Youth Foundation) und arbeitet mit der Freundbergstiftung, der Robert-Bosch-Stiftung und der Deutschen Bundesstiftung Umwelt zusammen. Sie fördert Sach- und Personalkosten für Programme und Projekte im Kinder- und Jugendbereich, die auf dringliche Probleme Jugendlicher reagieren oder Impulse zur Verbesserung ihrer Situation geben und auf andere Regionen übertragbar sind. Gefördert werden langfristig thematisch-gebundene Programme zu:

- Frühe Bildung
- Schulerfolg und Ganztagsschule
- Jugend und Zukunft
- Bildungslandschaften
- Digitale Bildung
- Inklusion
- Junge Flüchtlinge (www.dkjs.de. Stand: 18.10.2015)

Robert-Bosch-Stiftung

Die Robert-Bosch-Stiftung gehört zu den größten gemeinnützigen Stiftungen Deutschlands und fördert seit über 50 Jahren eigene Projekte und Projekte Dritter welche die Ziele der Stiftung repräsentieren.

Gefördert werden die Bereiche Wissenschaft, Gesundheit, Völkerverständigung, Bildung, Gesellschaft und Kultur (www.bosch-stiftung.de. Stand: 18.10.2015).

Finanziert wird auf der Basis von:

- Förderwettbewerben
- Stipendienprogrammen
- Preisen
- Journalistenprogrammen
- Austauschprogrammen
- Konferenzen/ Roundtables
- Studien
- Studienreisen

5.2.3 Mitgliedsbeiträge, Lotterien, Sammlungen, Spielbankgewinne, Bußgelder

Vereinsrechtlich organisierte freie Träger können **Mitgliedsbeiträge** erheben. Neben ordentlichen stimmberechtigten Mitgliedern kann die Satzung auch sog. fördernde Mitglieder vorsehen, die einen Mitgliedsbeitrag zahlen, aber kein Stimmrecht haben. Weiterhin besteht die Möglichkeit der Gründung von Fördervereinen, um soziale Maßnahmen zu finanzieren. Nennenswerte Kapitalmengen werden durch Mitgliedsbeiträge nur von den mitgliedsstarken großen Wohlfahrtsverbänden aufgebracht.

Die sechs Spitzenverbände der freien Wohlfahrtspflege erhalten Mittel aus dem Verkauf von **Wohlfahrtsbriefmarken** und aus **Wohlfahrtslotterien**.

In einigen Bundesländern müssen **Spielbanken** einen Teil des Gewinns gemeinnützigen Zwecken zuführen, so dass auch hier eine Einnahmemöglichkeit für freie Träger besteht.

Freie Träger können auf der Grundlage der landesrechtlich festgelegten Sammlungsgesetze **Sammlungen** durchführen.

Eine weitere Finanzquelle sind „Geldbeträge zugunsten einer gemeinnützigen Einrichtung", sogenannte **Bußgelder**, die aufgrund einer Bewährungsauflage nach einem abgeschlossenen Strafverfahren oder wegen einer gerichtlichen Auflage zur Abwendung einer Klageerhebung zu leisten sind. Bei der Zahlung von Bußgeldern entscheidet der Richter, auf Vorschlag des Staatsanwalts, an welche Einrichtung Bußgelder zu zahlen sind. Um Bußgelder erhalten zu können, müssen soziale Einrichtungen in ein bei dem Präsidenten des zuständigen Amts- oder Landgerichts geführtes Verzeichnis aufgenommen werden. Dieses müssen sie schriftlich beantragen und u. a. eine Bescheinigung ihrer Gemeinnützigkeit, ihre Satzung, eine Darstellung der Einrichtung (Ziele, Tätigkeiten etc.) vorlegen.

Schlussbetrachtung 6

Die Klienten Sozialer Arbeit sind in der Regel nicht in der Lage, die Leistungen, die sie erhalten, zu bezahlen, so dass der überwiegende Teil der Ressourcen für die von den Hilfebedürftigen nachgefragten Leistungen durch Sozialversicherungsbeiträge und Steuermittel finanziert werden muss. Das in Kap. 2 erläuterte Dreiecksverhältnis der Leistungserbringung zwischen Hilfebedürftigen, Leistungserbringern und Kostenträgern führt dazu, dass der Bereich der sozialen Dienstleistungen als ein „Quasimarkt" konstituiert wurde, dessen Strukturen nicht durch Angebot und Nachfrage, sondern durch rechtliche Rahmenbedingungen geregelt werden (Kap. 3).

Da der soziale Sektor seine Anweisungen über Gesetze und Erlasse erhält, ist es Aufgabe des Sozialmanagements Anschlussfähigkeiten zum öffentlich-rechtlichen Bereich herzustellen. Hierzu gehört es Passungsfähigkeiten zu schaffen, indem z. B. Unterlagen so aufbereitet werden, dass sie formalen Anforderungen entsprechen. Weiterhin gilt es, die im Bundesdeutschen Sozialstaat vorgesehenen kooperativen Strukturen zu nutzen[5] und durch die Pflege von Kontakten zu Politik und Verwaltung Ressourcenzuflüsse sicherzustellen.

Doch auf dem Hintergrund begrenzter Ressourcen und zunehmender Anforderungen wird dieser Steuerungsansatz zunehmend verändert. Es ist ein Trend hin zum Wettbewerb und zur Trägerpluralität festzustellen. Während das Bundessozialhilfegesetz noch einen Vorrang der freien Wohlfahrtspflege vorsieht, ist dies im SGB VIII nicht mehr der Fall. Wir sprechen hier von anerkannten Trägern der Jugendhilfe (§ 78 SGB VIII). In der Pflegeversicherung sind freigewerbliche und freigemeinnützige Träger gleichgestellt.

In den 90 er Jahren wurde das Steuerungsmedium Recht zunehmend durch das Medium Geld ergänzt, um Wettbewerbsstrukturen einzuführen. Beispiele sind Veränderungen indirekter Finanzierungsmöglichkeiten z. B. durch die Einführung

---

5 Z. B. haben die Verbände der freien Wohlfahrtspflege Mitwirkungsrechte in Ausschüssen und damit einen direkten Zugang zu Politik und Verwaltung.

von Leistungsentgelten (Kap. 3.4, 3.5 und 4.2.) und Ausschreibungsverfahren für Leistungen (Kap. 3.1) mit dem Ziel, dass der preiswerteste Anbieter den Zuschlag erhält. Auch die Strukturen der direkten Finanzierung haben sich, insbesondere durch die Einführung von outputorientierten Steuerungsansätzen bei öffentlichen Trägern verändert, da diese sich an Produkten und nicht mehr an der Zurverfügungstellung von Mitteln orientieren. Weiterhin erfolgt verstärkt ein Wechsel von institutionellen zu Projektförderungen, die mit Qualitätssicherungsmaßnahmen einhergehen.

Die geschilderten Veränderungen führten dazu, dass die Anforderungen an Sozialmanager gestiegen sind. Sie müssen nicht nur den Code der Politik, die Macht und den Code der Verwaltung, die Einhaltung von formalen Vorschriften berücksichtigen, sondern zunehmend auch dem Code der Wirtschaft, dem Gewinn Rechnung tragen, um Ressourcenzuflüsse für das Funktionssystem des sozialen Sektors sicherzustellen und somit dem Code der Sozialen Arbeit entsprechen zu können, nämlich Hilfe für Menschen in Not sicherzustellen.

Literaturempfehlung 7

Zur weiteren Vertiefung des Stoffes sind folgende Bücher zu empfehlen:

- Brinkmann, V. (2010): Sozialwirtschaft, Wiesbaden: Gabler.
- Maelicke, B. (2006). Finanzierung in der Sozialwirtschaft, Baden-Baden: Nomos.
- Nicolini, J. (2006). Finanzierung für Sozialberufe: Grundlagen – Beispiele – Übungen, Wiesbaden: VS, Verl. für Sozialwissenschaften.
- Vilain, M. (2006). Finanzierungslehre für Nonprofit-Organisationen: zwischen Auftrag und ökonomischer Notwendigkeit, Wiesbaden: VS, Verl. für Sozialwissenschaften.
- Bachert, R. & Schmidt, A. (2010). Finanzierung von Sozialunternehmen, Freiburg: Lambertus.
- Diakonisches Werk der EKD (1991). Leitfaden zur wirtschaftlichen Förderung diakonischer Einrichtungen, Stuttgart: Verl.-Werk der Diakonie.

Nach wie vor zu empfehlen ist die Habilitationsschrift von Neumann:

- Neumann, V. (1992). Freiheitsgefährdung im kooperativen Sozialstaat, Köln: Heymanns.

Literaturverzeichnis

Aids-Hilfe Bielefeld (Hrsg.). Projekt Tierpension. http://www.tierpension-in-bielefeld.de/sozialprojekt.html. Zugegriffen: 24. März 2016.
Akademie für Aus- und Weiterbildung (Hrsg.). Bildungsgutschein. http://www.dts-verwaltung.de/dts/wp-content/uploads/2015/02/bildungsgutschein-muster.jpg. Zugegriffen: 25. März 2016.
Altruja (Hrsg.). Fundraising-Studie 2014. http://www.altruja.de/assets/Ergebnisse-Online-Fundraising-Studie-2014.pdf. Zugegriffen: 20. März 2016.
Annastift Bildungswerk (Hrsg.). http://www.annastift-berufsbildungswerk.de/cfscripts/main_integration.cfm?auswahl=01.05. Zugegriffen: 28. März 2016.
Ausbildung und Arbeit Plus GmbH (Hrsg.): Ausbildungsbegleitende Hilfen. http://www.aundaplus.de/22-0-Angebote.html. Zugegriffen: 21. März 2016.
Bachert, R. & Schmidt, A. (2010). Finanzierung von Sozialunternehmen. Freiburg: Lambertus.
BBJ Consult Info (1989). Ausgabe III/IV, 4. Jahrgang. Berlin.
BBJ Consult Info (1992). Ausgabe III/IV, 7. Jahrgang. Berlin.
BBJ Consult Info (1994). Ausgabe III/IV, 9. Jahrgang. Berlin.
Betterplace lab (2013). Spenden in Deutschland 2013. http://www.betterplace-lab.org/de/blog/spendenmarkt-2013-aktuelle-prasentation-ist-online. Zugegriffen: 18. Oktober 2015.
Bomliz Group (2004). Sponsoringtrends 2004, Bonn. http://www.sponsors.de/uploads/tx_svsstudiengaenge/BBG_Sponsoring-Trends_2004.pdf. Zugegriffen: 18. Oktober 2015.
Brinkmann, V. (2010). Sozialwirtschaft. Grundlagen, Modelle, Finanzierung. Wiesbaden: Gabler.
Bruhn, M. (2010). Sponsoring. Systematische Planung und integrativer Einsatz. Wiesbaden: Gabler.
Bundesagentur für Arbeit (2013). Arbeitsmarktberichterstattung: Grundsicherung in Deutschland, Kurzinformation: Kinder und Jugendliche in der Grundsicherung, Nürnberg
Bundesarbeitsgemeinschaft der Freien Wohlfahrtspflege (Hrsg.). ESF-Programm Rückenwind. http://www.bagfw-esf.de/rueckenwind-2015-2020. Zugegriffen: 24. April 2016.
Bundesministerium für Arbeit und Soziales (Hrsg.). Europäischer Sozialfonds für Deutschland. http://www.esf.de/portal/DE/Foerderperiode-2014-2020/ESF-Bundes-OP/inhalt.html. Zugegriffen: 01. August 2015.
Bundesministerium für Arbeit und Soziales (2014). Sozialbericht 2013. Bonn.
Bundesverband Deutscher Stiftungen (2014). Stiftungen in Zahlen 2014. http://www.stiftungen.org/no_cache/de/forschung-statistik/statistiken.html. Zugegriffen: 23. Juli 2015.

Caritas (Hrsg.). Ökoprojekt Betzdorf. http://www.caritas-betzdorf.de/beitraege/oekoprojekt/326182. Zugegriffen: 23. Februar 2016.
Dahme, H. J./ Schütter, S. & Wohlfahrt, N. (2008). Lehrbuch Kommunale Sozialverwaltung und Soziale Dienste. Weinheim: Juventa.
Deutsche Kinder- und Jugendstiftung (Hrsg.). Themen. https://www.dkjs.de/themen/ Zugegriffen: 18. Oktober 2015.
Deutscher Spendenrat e. V. / GfK (2015). Bilanz des Helfens 2015. http://www.spendenrat.de/wp-content/uploads/spendenrat/downloads/bdh/Bilanz_des_Helfens_2015.pdf. Zugegriffen: 18. Oktober 2015.
Diakonisches Werk d. EKD (1991). Leitfaden zur wirtschaftlichen Führung diakonischer Einrichtungen und Werke. Stuttgart: Verl.-Werk der Diakonie.
Eberle, U. & Stöbener, D. (2000). Gutes tun mit Gewinn, in: Die Zeit vom 21.9.2000, S. 69.
ESF. Programme, Förderperiode 2014-2020. http://www.esf.de/portal/DE/Foerderperiode-2014-2020/ESF-Programme/inhalt.html#land2543246. Zugegriffen: 15. Oktober 2015.
Frankfurter Allgemeine Sonntagszeitung (2010). – Die Polin ganz legal. 8. August 2010, S. 5
Frankfurter Allgemeine Zeitung (2008) vom 2. September 2008.
Frankfurter Allgemeine Zeitung (2008) vom 17. Dezember 2008.
Giving-USA (2011). Giving USA 2011. www.givingusa.org. Zugegriffen: 12. Juni 2012.
Halfar, B. (2008). Finanzierung sozialer Dienstleistungen. In: Maelicke B. (Hrsg.): *Lexikon der Sozialwirtschaft* (S. 358-363). Baden-Baden: Nomos.
Hermanns, A. (2008). Sponsoring Trends 2008. http://dfb.vibss.de/fileadmin/Medienablage/Marketing/Sponsoring/Sponsoringtrends_2008.pdf. Zugegriffen: 18. Oktober 2015.
Infodienst der Deutschen Wirtschaft (Hrsg.). http://www.iwkoeln.de/_storage/asset/114750/storage/iwm:image-zoom/file/2886350/01562091.jpg. Zugegriffen: 01. August 2015.
Institut Arbeit und Qualität der Universität Duisburg-Essen (Hrsg.). LeistungsempfängerInnen der Sozialen Pflegeversicherung nach Pflegestufen 1996- 2014. http://www.sozialpolitik-aktuell.de/tl_files/sozialpolitikaktuell/_Politikfelder/Gesundheitswesen/Datensammlung/PDF-Dateien/abbVI42.pdf. Zugegriffen: 22. Mai 2015.
Institut der deutschen Wirtschaft Köln (2004). Wohlfahrtsverbände in Deutschland. Auf den Schultern der Schwachen, Köln.
Institut für Training und Beratung. Sonderprogramme der Arbeitsagenturen. http://www.itb-net.de/weiterbildung/foerderung.html. Zugegriffen: 25. März 2016.
Krüger, R. (1992). Finanzierung von Sozialleistungen, SM – Skript (unveröffentlicht), Lüneburg.
Lotto-Stiftung-Berlin (Hrsg.). Zuwendung http://www.lotto-stiftung-berlin.de/index.php/stiftung-kopf/zuwendung. Zugegriffen: 18. Oktober 2015.
Maelicke B. (2008). Lexikon der Sozialwirtschaft. Baden-Baden: Nomos.
Maelicke, B. (2006). Finanzierung in der Sozialwirtschaft. Baden-Baden: Nomos.
Medizinischer Dienst der Krankenversicherung (Hrsg.). http://www.mdk.de/1328.htm. Zugegriffen: 01. April 2015.
Mehls, S. & Salas-Gomez, P. (1999). Von der Zuwendung zum Leistungsvertrag. In: Blätter der Wohlfahrtspflege 1 und 2.
Menninger, O. (2006). Über Treuhandverträge zu mehr Leistungsorientierung. In: Maelicke, B. (Hrsg.), *Finanzierung in der Sozialwirtschaft* (162-172). Baden-Baden: Nomos.
Merchel, J. (2008). Trägerstrukturen in der Sozialen Arbeit. Weinheim: Juventa.
Münder, J., Meysen, T. & Trenczek, T. (2002). Frankfurter Lehr- und Praxiskommentar zum KJHG / SGB VIII. Münster: Votum.

Münder, J. (1993). Frankfurter Kommentar zum Kinder- und Jugendhilfegesetz. Münster: Votum.
Neumann, V. (1992). Freiheitsgefährdung im kooperativen Sozialstaat. Köln: Heymanns.
Neumayr, M./ Schober, C. & Schneider, H. (2013). Spenden und Stiftungszuwendungen. In: Handbuch der Nonprofit-Organisationen. Stuttgart: Schäffer-Poeschel.
Nicolini, H. J. (2006). Finanzierung für Sozialberufe: Grundlagen – Beispiele – Übungen. Wiesbaden: VS, Verl. für Sozialwissenschaften.
Niemeier, H. P. (2006). Gestaltungsmöglichkeiten im Zuwendungsrecht. In: Maelicke, B. (Hrsg.), *Finanzierung in der Sozialwirtschaft* (157-161). Baden-Baden: Nomos.
Papenheim, H.G. & Baltes, J. (2010). Verwaltungsrecht für die soziale Praxis. Frechen: Recht für die Soziale Praxis.
Pfannendörfer, G. (1999). Einleitung. In: Blätter der Wohlfahrtspflege 1-2/99, 4
PWC, PriceWaterhouseCooper (2007). Unternehmen als Spender. Eine Befragung unter den 500 größten Aktiengesellschaften in Deutschland zu ihrem Spendenverhalten und ihren Kriterien für die Spendenvergabe.
Robert-Bosch-Stiftung (Hrsg.). Wie wir fördern. http://www.bosch-stiftung.de/content/language1/html/foerdergrundsaetze.asp. Zugegriffen: 18. Oktober 2015.
Schellberg, K. (2014). Finanzierung in der Sozialwirtschaft. In: Arnold, U., Grundwald, K. & Maelicke, B. (Hrsg.), *Lehrbuch der Sozialwirtschaft* (224-275). Baden-Baden: Nomos
Schubert, B. (2006). Abwarten ist keine Lösung, Das Persönliche Budget hat gravierende Auswirkungen auf die Leistungserbringer. In: Blätter der Wohlfahrtspflege 5/06, 175-178.
Stadt Berlin (Hrsg.). EFRE Projekt. https://www.berlin.de/sen/wirtschaft/gruenden-und-foerdern/europaeische-strukturfonds/efre/projektbeispiele/artikel.367135.php. Zugegriffen: 10. März 2016.
Stadt Bielefeld (Hrsg.). Beratungsstelle für Frauen in besonderen Lebenslagen. https://www.bielefeld.de/ftp/dokumente/Frauenhandbuch0814.pdf. Zugegriffen: 11. April 2016.
Stadt Grefrath (Hrsg.). Bildungs- und Teilhabeleistungen. https://www.grefrath.de/de/inhalt/bildungs-und-teilhabepaket/&nid1=41204. Zugegriffen: 22. März 2016.
Statista. Sportsponsoring. http://de.statista.com/themen/1084/sportsponsoring/. Zugegriffen: 18. Oktober 2015.
Statistisches Bundesamt (2009). Lohn-/Einkommenssteuerstatistik.
Statistisches Bundesamt (2013). Statistik der Sozialhilfe. Eingliederungshilfe für behinderte Menschen, 12
Statistisches Bundesamt (2014). Nettoausgaben der Sozialhilfe 2014. https://www.destatis.de/DE/ZahlenFakten/GesellschaftStaat/Soziales/_Grafik/Nettoausgaben_Sozialhilfe.png%3F__blob%3Dposter. Zugegriffen: 01. August 2015.
Statistisches Bundesamt (2015). Pressemitteilung vom 12. März 2015 – 94/15. Berlin.
Teske, W. (2006). Welchen Stellenwert haben öffentliche Zuwendungen für die zukünftige Finanzierung der Sozialwirtschaft? In: Maelicke, B. (Hrsg.), *Finanzierung in der Sozialwirtschaft* (58-65). Baden-Baden: Nomos.
TNS Infratest (2011). Social Marketing. Deutscher Spendenmonitor. Classics 2011. http://www.tns-infratest.com/presse/pdf/Presse/TNS_Infratest_Deutscher_Spendenmonitor_2011.pdf. Zugegriffen: 18. Oktober 2015.
Unitracc (Hrsg.). Grafik öffentlicher Ausschreibung. http://www.unitracc.com/mediathek/structure/nodomain/vergaberecht-oeffentliche-ausschreibung. Zugegriffen: 10. März 2016.

Urselmann, M. (2014). Fundraising. In: Arnold, U., Grundwald, K. & Maelicke, B. (Hrsg.), *Lehrbuch der Sozialwirtschaft* (707-733). Baden-Baden: Nomos.
Verordnung (EG) Nr. 1260/1999 des Rates vom 21. Juni 1999, Amtsblatt der Europäischen Gemeinschaft vom 26. 06. 1999, L 161/14
Verordnung (EU) Nr. 1301/2013 des Europäischen Parlaments und des Rates vom 17. Dezember 2013 über den Europäischen Fonds für regionale Entwicklung
Verordnung (EU) Nr. 1304/2013 des Europäischen Parlaments und des Rates vom 17. Dezember 2013 über den Europäischen Sozialfonds.
Vilain, M. (2006). Finanzierungslehre für Nonprofit-Organisationen: zwischen Auftrag und ökonomischer Notwendigkeit. Wiesbaden: VS, Verl. für Sozialwissenschaften.
WSL (Hrsg.): Aktivierung- und Vermittlungsgutschein. http://www.wsl-service.de/sites/wsl-service/wsl_images/AVGS_Seite01.png. Zugegriffen: 21. März 2016.

Anlagen

Zur Veranschaulichung der hier vorgestellten Themen, werden im Folgenden einige ausgewählte Anlagen angeführt:

- Beispiel einer Leistungsvereinbarung
- Allgemeine Nebenbestimmungen für Zuwendungen zur institutionellen Förderung
- Allgemeine Nebenbestimmungen für Zuwendungen zur Projektförderung
- Einkommenssteuergesetz (EStG) § 10b (steuerbegünstigte Zwecke)
- Auszug aus der Abgabenordnung (AO) §§ 51-55

Beispiel einer Leistungsvereinbarung

Leistungsvereinbarung
nach § 78b Abs. 1 Nr. 1 SGB VIII
i. V. m. dem Rahmenvertrag nach § 78f SGB VIII
für Baden-Württemberg

zwischen dem Träger der Einrichtung

Name
Straße
PLZ Ort
(Leistungserbringer)

und dem örtlich zuständigen Träger der Jugendhilfe

Name
Straße
PLZ Ort,
(Leistungsträger)

unter Beteiligung des

Kommunalverband für Jugend und Soziales Baden-Württemberg entsprechend der Kommunalen Vereinbarung
für die Einrichtung

Name
Straße
PLZ Ort
(Leistungserbringer)

für das Leistungsangebot
stationäre Wohngruppen

I Strukturdaten des Leistungsangebotes

§ 1 Art des Leistungsangebotes

1. Hilfe zur Erziehung in einem Heim oder einer sonstigen betreuten Wohnform nach § 34 SGB VIII,
2. Hilfen für junge Volljährige nach § 41 SGB VIII mit Ausnahme der §§ 29, 30 und 33 SGB VIII,
3. Eingliederungshilfe für seelisch behinderte Kinder und Jugendliche in teilstationären oder stationären Einrichtungen nach § 35a SGB VIII,

§ 2 Strukturdaten

(1) Angebotsform und Platzzahl
Das Leistungsangebot umfasst
Anzahl Gruppen mit insgesamt Anzahl Plätzen,
davon
Anzahl Plätze in Name der Gruppe, Adresse
Anzahl Plätze in Name der Gruppe, Adresse
Anzahl Plätze in Name der Gruppe, Adresse

(2) Öffnungszeit und Betreuungsumfang
Das Leistungsangebot ist an Anzahl Tagen/Jahr mit einem Betreuungsumfang von Anzahl Stunden/Tag geöffnet.

(3) Regelleistung
Das Leistungsangebot umfasst
1. **Grundbetreuung** (§ 6 Abs. 2 a RV)
   Die Nachtbereitschaft erfolgt Text
2. **Ergänzende Betreuung/ergänzende Leistungen** (§ 6 Abs. 2 e RV)
   in Form von
   Text
3. **Zusammenarbeit /Kontakte** (§ 6 Abs. 2b RV)
4. **Hilfe-/Erziehungsplanung/Fachdienst** (§ 6 Abs. 2c RV)
5. **Regieleistungen** (§ 6 Abs. 2d RV).

(4) Individuelle Zusatzleistungen
Individuelle Zusatzleistungen – sofern nicht in Leistungsmodulen pauschaliert (Absatz 5) – können im Rahmen der Hilfeplanung im Einzelfall nach Anlage 2 des Rahmenvertrages mit dem örtlichen Träger vereinbart werden.

(5) Leistungsmodule
Es wurden keine Leistungsmodule vereinbart .
Folgende Leistungsmodule sind Bestandteil dieses Leistungsangebotes:
Text
Text
Text
Text
Text

§ 3 Personelle und sachliche Ausstattung der Regelleistung
(1) Personelle Ausstattung
1. Grundbetreuung und Zusammenarbeit/Kontakte, einschließlich der durch den Gruppendienst erbrachten Leistungen der Erziehungs- und Hilfeplanung
2. Ergänzende Betreuung / ergänzende Leistungen
3. Hilfe- und Erziehungsplanung / Fachdienst
4. Regieleistungen
   - Leitung
   - Verwaltung
   - Hauswirtschaft

(2) Sächliche Ausstattung
Die zur Erbringung der vereinbarten Leistung erforderliche sächliche Ausstattung wird von der Einrichtung im notwendigen Umfang und in der erforderlichen Qualität bereitgestellt.

Ggfs. noch ergänzender Text

§ 4 Betriebsnotwendige Anlagen
Das Leistungsangebot wird in folgenden Gebäuden und Anlagen erbracht:

Text

II. Beschreibung des Leistungsangebotes

§ 5 Auftrag / Zielsetzung
Durch die Verbindung von Alltagserleben, pädagogischer Arbeit und therapeutischen Angeboten wird der gesetzliche Auftrag umgesetzt und die im Hilfeplan nach § 36 SGB VIII vereinbarten Zielsetzungen verfolgt.
Die Zielsetzungen des Leistungsangebotes sind insbesondere:

Text

§ 6 Zu betreuender Personenkreis (Zielgruppen)
Zielgruppen des Leistungsangebotes sind

Text
im Aufnahmealter von Zahl Jahren bis Zahl Jahren
Das Leistungsangebot richtet sich an junge Menschen mit folgender Indikation: Text
Nicht aufgenommen werden junge Menschen
Text

Beispiel einer Leistungsvereinbarung 131

§ 7 Inhalte und Umfang des Leistungsangebotes

1. Regelleistungen 1. Grundbetreuung
Die Grundbetreuung umfasst die geeigneten und notwendigen Leistungen im Bereich der Versorgung, Erziehung, Betreuung und Unterstützung für die Gesamtgruppe, die in Einfachbetreuung erbracht werden.
Dazu gehören insbesondere:
- Betreuung an 365 Tagen im Jahr
- Gewährleistung der Aufsichtspflicht
- Notwendige Betreuungsleistungen in der Nacht in Form von einer gruppenbezogenen/gruppenübergreifenden Nachtbereitschaft
- Gestaltung des Wohnumfeldes und der Gruppenatmosphäre
- Alltagsgestaltung und Alltagsbewältigung:
  - Versorgung, Erziehung und Unterstützung der jungen Menschen
  - Befriedigung der existenziellen Grundbedürfnisse
  - Strukturierung des Tages-, Wochen- und Jahresablaufs (z. B. gemeinsamer Zeitrahmen, Mahlzeiten, Aktivitäten in der Gesamtgruppe)
  - Allgemeine Freizeitgestaltung mit der Gesamtgruppe
  - Feste und Feiern im Jahresablauf in der Gesamtgruppe
  - Text
- pädagogische Grundleistungen und allgemeine Förderung im alltäglichen Zusammenleben der Gesamtgruppe:
  - In die Situation der Gesamtgruppe rückgebundene Bearbeitung der Erziehungs- und Hilfebedarfe
  - allgemeine Förderung im sportlichen, musischen und praktisch- handwerklichen Bereich (z. B. im Rahmen von Gruppenaktivitäten)
  - Beaufsichtigung und Unterstützung bei der Erledigung bei Hausaufgaben
  - Schaffung von Lern- und Übungsfeldern für die Gestaltung einer eigenständigen und eigenverantwortlichen Lebensführung
  - Unterstützung bei der praktischen Lebensbewältigung z. B. beim Einkaufen
  - Gesundheits- und Hygieneerziehung (z. B. Körperpflege Vorsorge, ggfs. Arztbesuche)
  - Herstellung von Erfahrungsfeldern zum Einüben sozialer Wahrnehmung, sozialer Fertigkeiten und Verhaltensweisen
  - Erzieherische Auseinandersetzung mit Kindern und Jugendlichen
  - Aufgreifen von Impulsen, Stimmungen, Bedürfnissen und Interessen der jungen Menschen
  - Text

2. Ergänzende Betreuung
Die ergänzende Betreuung umfasst folgende Leistungen:

Text im Umfang von

3. Zusammenarbeit, Kontakte
Die allgemeine Zusammenarbeit und Kontaktpflege mit der Herkunftsfamilie umfasst folgende Leistungen:

- Kontaktpflege mit der Herkunftsfamilie:
  - Aktive Einbeziehung der Bezugspersonen aus dem Herkunftssystem bei der Aufnahmesituation und der Hilfe-/Erziehungsplanung.
  - die Unterstützung der Kinder/Jugendlichen bei Telefon- und Briefkontakten,
  - Initiieren gemeinsamer Aktivitäten, Alltagshandlungen und Freizeitunternehmungen,
  - Kontaktpflege bei Besuchen der Herkunftseltern in der Einrichtung,
  - die Vor- und Nachbereitung selbständiger Besuche des Kindes/Jugendlichen in der Herkunftsfamilie,
  - Sicherung der Teilhabe der Herkunftseltern/-familie an Festen und Feiern des Kindes/Jugendlichen.
- allgemeine Kontaktpflege zur Schule und Ausbildungsbetrieben
- allgemeine Kontaktpflege und Vereinen etc.
- allgemeine Zusammenarbeit mit dem Jugendamt

4. Hilfe-/Erziehungsplanung, Diagnostik
Zu den Leistungen der Hilfe- und Erziehungsplanung und Diagnostik gehören:

- Management der Aufnahmeanfragen und der Aufnahme in das Leistungsangebot
- Eingangs-, Verlaufs- und Abschlussdiagnostik
- Leistungen der Erziehungs- und Hilfeplanung
- Vermittlung der Ergebnisse in Hilfeplangesprächen und Fallbesprechungen
- Regelmäßige und situationsbezogene Abstimmung des Erziehungsprozesses
- Absprachen und Informationen im Rahmen der Hilfeplanung
- Koordination und Umsetzung des vereinbarten Hilfekonzeptes

Die Leistungen der Erziehungs- und Hilfeplanung und der Diagnostik werden mit unterschiedlichen Anteilen und spezifischen Schwerpunkten vom Gruppendienst und vom Fachdienst erbracht.

Leistungen des Kinderschutzes nach § 8a SGB VIII sind in einer eigenen Vereinbarung mit dem Jugendamt festgelegt.

5. Regieleistungen
Die Regieleistungen umfassen

- **Leistungen der Leitungsfunktionen:**
  Wahrnehmung der Leitungsfunktion, Personalführung und -steuerung, Organisation und Management der Einrichtung, Marketing, Leistungs- und Qualitätsentwicklung, Außenvertretung, Mitwirkung bei der Jugendhilfeplanung, Gremienarbeit, Öffentlichkeitsarbeit.

- **Leistungen der Verwaltung**
  Allgemeine Verwaltung, Personal- und Klientenverwaltung, Leistungsverwaltung und Rechnungswesen, EDV-Administration.

- **Leistungen der Hauswirtschaft**
  Bewirtschaftung der Wohn- und Funktionsräume, Einkauf, Lagerhaltung, Zubereitung von Mahlzeiten (Speiseversorgung), Kleidungspflege, Wäscheversorgung, Hausreinigung, Haustechnische Leistungen.

- **Unterstützende Leistungen des Fachdienstes:**
  Beratung bei Aufnahmeanfragen, Aufnahmen, Koordination der Hilfeplanung und der Umsetzung in der Einrichtung, Planung, Organisation und Begleitung des pädagogischen Prozesses, Vorbereitung der Ablösung, Reflexion, Kontrolle und Dokumentation der Erziehungsarbeit, Aufbau, Umsetzung und Weiterentwicklung des Qualitätsentwicklungskonzeptes, Beratung und Unterstützung der Mitarbeiter/-innen, Praxisbegleitung und -beratung, Supervision, Organisation und Zusammenarbeit mit den Partnern im Hilfesystem (extern und intern), Zusammenarbeit mit dem Jugendamt in Arbeitskreisen, bei der Jugendhilfeplanung.

(2) Individuelle Zusatzleistungen

Individuelle Zusatzleistungen können im Rahmen der Anlage 2 RV angeboten und im Rahmen der Hilfeplanung nach § 36 SGB VIII vereinbart werden.

Text

(3) Leistungsmodule

Die Leistungsmodule nach § 2 Abs. 5 beinhalten folgende Leistungen:

Text
Text
Text
Text
Text

§ 8 Qualität des Leistungsangebotes

Text

§ 9 Qualifikation des Personals

Das vorgehaltene pädagogische und therapeutische Personal entspricht den Anforderungen des § 21 LKJHG „Betreuungskräfte". Die Qualifikation umfasst im Bereich

Gruppenpädagogischer Dienst:
- Pädagogische und heilpädagogische Fachkräfte

Fachdienst und andere gruppenergänzende Dienste
- Pädagogische, heilpädagogische, psychologische und psychotherapeutische Fachkräfte
- Sonstige Fachkräfte

Leitung
- Betriebswirtschaftliche und administrative Fachkräfte
- Pädagogische und therapeutische Fachkräfte

Verwaltung
- Betriebswirtschaftliche und administrative Fachkräfte und sonstiges Personal

Sonstige Bereiche
- Fachkräfte und sonstiges Personal entsprechend den im Bereich gängigen Berufsprofilen und sonstige Kräfte.

§ 10 Voraussetzungen der Leistungserbringung

Die Einrichtung erbringt ihre Leistungen in dem hier beschriebenen Angebot unter den in diesem Vertrag beschriebenen Voraussetzungen.

Text

§ 11 Gewährleistung

Der Leistungserbringer gewährleistet, dass die Leistungsangebote zur Erbringung der Leistungen nach § 78a Abs. 1 SGB VIII geeignet sowie ausreichend, zweckmäßig und wirtschaftlich sind.

III Schlussbestimmungen

§ 12 Grundlage dieser Vereinbarung

Der Rahmenvertrag nach § 78f SGB VIII vom 08.12.2006 für Baden-Württemberg in der jeweils gültigen Fassung ist Grundlage dieser Vereinbarung.

§ 13 Beginn, Ende und Kündigung des Leistungsverhältnisses

Die hier beschriebenen Leistungen werden ab dem Aufnahmetag des jungen Menschen erbracht.

Die Leistungserbringung endet mit der Beendigung des Leistungsverhältnisses durch das Jugendamt.

§ 14 Laufzeit der Leistungsvereinbarung
Die Vereinbarung gilt ab Datum.
Die Vereinbarung hat eine Mindestlaufzeit bis zum Datum.
Für die Leistungsträger

Örtlicher Träger der Jugendhilfe
Ort/Unterschriftsdatum

Für den Leistungserbringer

Träger der Einrichtung
Ort/Unterschriftsdatum

(Quelle:http://www.kvjs.de/fileadmin/dateien/jugend/hilfen_zur_erziehung/heime/Leiustungsver.stationaer.pdf (Zugriff 1.8.2015))

Allgemeine Nebenbestimmungen für Zuwendungen zur institutionellen Förderung

Stand: 01.01.2014

Die ANBest-I enthalten Nebenbestimmungen im Sinne des § 36 des Verwaltungsverfahrensgesetzes (VwVfG) sowie notwendige Erläuterungen. Die Nebenbestimmungen sind Bestandteil des Zuwendungsbescheides, soweit dort nicht ausdrücklich etwas anderes bestimmt ist.

Inhalt
Nr. 1 Anforderung und Verwendung der Zuwendung
Nr. 2 Nachträgliche Ermäßigung der Ausgaben oder Änderung der Finanzierung
Nr. 3 Vergabe von Aufträgen
Nr. 4 Inventarisierungspflicht
Nr. 5 Mitteilungspflichten des Zuwendungsempfängers
Nr. 6 Buchführung
Nr. 7 Nachweis der Verwendung
Nr. 8 Prüfung der Verwendung
Nr. 9 Erstattung der Zuwendung, Verzinsung

1. Anforderung und Verwendung der Zuwendung

1.1 Die Zuwendung ist wirtschaftlich und sparsam zu verwenden.

1.2 Alle eigenen Mittel und mit dem Zuwendungszweck zusammenhängenden Einnahmen (insbesondere Zuwendungen, Leistungen Dritter) des Zuwendungsempfängers sind als Deckungsmittel für alle Ausgaben einzusetzen. Der Haushalts- oder Wirtschaftsplan einschließlich Organisations- und Stellenplan ist verbindlich.

1.3 Der Zuwendungsempfänger darf seine Beschäftigten nicht besserstellen als vergleichbare Bundesbedienstete. Höhere Entgelte als nach dem Tarifvertrag für den öffentlichen Dienst (TVöD) sowie sonstige über- oder außertarifliche Leistungen dürfen nicht gewährt werden. Die Sätze 1 und 2 gelten auch für die Beschäftigten des Zuwendungs-empfängers, die bei der Durchführung von Aufträgen und von aus Zuwendungen finanzierten Projekten eingesetzt werden. Sind im Wirtschaftsplan Stellen ohne Angaben zur Höhe der Entgelte ausgebracht (z. B. S, ÜT, AT ohne Angabe einer Besoldungsgruppe), bedarf die Festsetzung der Entgelte in jedem Einzelfall der vorherigen Zustimmung der Bewilligungsbehörde. Das Gleiche gilt für außertariflich entsprechend den Besoldungsgruppen W 2 oder W 3 bewertete Stellen.

1.4 Zuwendungsempfänger, deren Gesamtausgaben (ohne Ausgaben für Aufträge und Projektförderung durch Dritte) zu 50 vom Hundert und mehr aus öffentlichen Mitteln finanziert werden, dürfen Risiken für Schäden an Personen, Sachen und Vermögen nur versichern, soweit eine Versicherung gesetzlich vorgeschrieben ist oder der Vertragspartner den Abschluss einer Versicherung als zwingende Voraussetzung für den Vertragsabschluss fordert. Beträgt der Anteil der öffentlichen Mittel an den Gesamtausgaben (ohne Ausgaben für Aufträge und Projektförderung durch Dritte) weniger als 50 vom Hundert, so dürfen Risiken der genannten Art nur versichert werden, wenn hierdurch der Zuwendungsempfänger seine Beschäftigten nicht besserstellt als vergleichbare Arbeitnehmerinnen und Arbeit-nehmer des Bundes.

1.5 Im Regelfall werden die Zuwendungen im Wege des Abrufverfahrens bereitgestellt. In diesen Fällen gelten die Regelungen der BNBest-Abruf. Findet eine Teilnahme am Ab-rufverfahren nicht statt, werden die Zuwendungen wie folgt bereitgestellt: Die Zuwendung darf nur insoweit und nicht eher angefordert werden, als sie alsbald nach der Auszahlung für fällige Zahlungen benötigt wird. Die Anforderung jedes Teilbetrages muss die zur Beurteilung des Mittelbedarfs erforderlichen Angaben enthalten. Wird ein im Haushaltsjahr zu deckender Fehlbedarf anteilig durch mehrere Zuwendungsgeberinnen / Zuwendungsgeber finanziert, so darf die Zuwendung jeweils nur anteilig mit den Zuwendungen der anderen Zuwendungsgeberinnen / Zuwendungsgeber angefordert werden.

1.6 Am Jahresende nicht verbrauchte Kassenmittel werden auf die Auszahlungen zu Beginn des Folgejahres kassenmäßig angerechnet.

1.7 Zahlungen vor Empfang der Gegenleistung dürfen nur vereinbart oder bewirkt werden, soweit dies allgemein üblich oder durch besondere Umstände gerechtfertigt ist.

1.8 Die Bildung von Rückstellungen ist nur zulässig, soweit sie gesetzlich (z. B. durch das Handelsgesetzbuch) vorgeschrieben ist. Rücklagen dürfen nicht gebildet werden.

2. Nachträgliche Ermäßigung der Ausgaben oder Änderung der Finanzierung

Ermäßigen sich nach der Bewilligung die in dem Haushalts- oder Wirtschaftsplan veranschlagten Gesamtausgaben, erhöhen sich die Deckungsmittel oder treten neue Deckungsmittel hinzu, so ermäßigt sich die Zuwendung

2.1 bei Anteilfinanzierung anteilig mit etwaigen Zuwendungen anderer Zuwendungsgeber und den vorgesehenen eigenen und sonstigen Mitteln des Zuwendungsempfängers,

2.2 bei Fehlbedarfs- und Vollfinanzierung um den vollen in Betracht kommenden Betrag.

3. Vergabe von Aufträgen

3.1 Wenn die Zuwendung oder bei Finanzierung durch mehrere Stellen der Gesamtbetrag der Zuwendung mehr als 100 000 Euro beträgt, sind anzuwenden:

- bei der Vergabe von Aufträgen für Bauleistungen den Abschnitt 1 des Teils A der Vergabe- und Vertragsordnung für Bauleistungen (VOB/A),
- bei der Vergabe von Aufträgen für Lieferungen und Dienstleistungen den Abschnitt 1 des Teils A der Vergabe- und Vertragsordnung für Leistungen (VOL/A).

Allgemeine Nebenbestimmungen für Zuwendungen... 139

3.2 Verpflichtungen des Zuwendungsempfängers als öffentlicher Auftraggeber gemäß § 98 des Gesetzes gegen Wettbewerbsbeschränkungen (GWB)

- auf Grund der Vergabeverordnung (VgV) den Abschnitt 2 des Teils A der VOB (VOB/A-EG) bzw. den Abschnitt 2 des Teils A der VOL (VOL/A-EG) oder die Vergabeordnung für freiberufliche Leistungen (VOF) anzuwenden oder
- die Sektorenverordnung (SektVO) oder die Vergabeverordnung Verteidigung und Sicherheit (VSVgV) anzuwenden oder
- andere Vergabebestimmungen einzuhalten,

bleiben unberührt.

4. Inventarisierungspflicht

Der Zuwendungsempfänger hat Gegenstände, deren Anschaffungs- oder Herstellungs-wert 410 Euro (ohne Umsatzsteuer) übersteigt, zu inventarisieren. Soweit aus besonderen Gründen der Bund Eigentümer ist oder wird, sind die Gegenstände in dem Inventar besonders zu kennzeichnen.

5. Mitteilungspflichten des Zuwendungsempfängers

Der Zuwendungsempfänger ist verpflichtet, unverzüglich der Bewilligungsbehörde anzuzeigen, wenn

5.1 er nach Vorlage des Haushalts- oder Wirtschaftsplans weitere Zuwendungen bei anderen öffentlichen Stellen beantragt oder von ihnen erhält,

5.2 für die Bewilligung der Zuwendung maßgebliche Umstände sich ändern oder wegfallen,

5.3 die angeforderten oder ausgezahlten Beträge nicht alsbald nach der Auszahlung für fällige Zahlungen verbraucht werden können.

6. Buchführung

6.1 Die Kassen- und Buchführung sind entsprechend den Regeln der Bundeshaushaltsordnung (BHO) und den jeweils geltenden Verwaltungsvorschriften einzurichten, es sei denn, dass die Bücher nach den für Länder oder Gemeinden geltenden entsprechenden Vorschriften oder nach den Regeln der kaufmännischen doppelten Buchführung geführt werden.

6.2 Die Belege müssen die im Geschäftsverkehr üblichen Angaben und Anlagen enthalten, die Ausgabebelege insbesondere den Zahlungs-empfänger, Grund und Tag der Zahlung, den Zahlungsbeweis und bei Gegenständen den Verwendungszweck.

6.3 Der Zuwendungsempfänger hat die Bücher, Belege und alle sonstigen Geschäftsunterlagen (vgl. Nr. 8.1 Satz 1) fünf Jahre nach Vorlage des Verwendungsnachweises aufzubewahren, sofern nicht nach steuerrechtlichen oder anderen Vorschriften eine längere Aufbewahrungsfrist bestimmt ist. Zur Aufbewahrung können auch Bild- oder Datenträger verwendet werden. Das Aufnahme- und Wiedergabeverfahren muss den jeweiligen Vorschriften oder Regeln (Nr. 6.1) entsprechen.

7. Nachweis der Verwendung

7.1 Die Verwendung der Zuwendung ist innerhalb von sechs Monaten nach Ablauf des Haus-halts- oder Wirtschaftsjahres nachzuweisen (Verwendungsnachweis). Der Verwendungs-nachweis besteht aus einem Sachbericht und einem zahlenmäßigen Nachweis.

7.2 In dem Sachbericht sind die Tätigkeit des Zuwendungsempfängers sowie das erzielte Ergebnis im abgelaufenen Haushalts- oder Wirtschaftsjahr darzustellen und den vorgegebenen Zielen gegenüberzustellen. Im Sachbericht ist auf die wichtigsten Positionen des zahlenmäßigen Nachweises einzugehen. Ferner ist die Notwendigkeit und Angemessenheit der geleisteten Arbeit zu erläutern. Tätigkeits-, Lage-, Abschluss- und Prüfungsberichte und etwaige Veröffentlichungen sind beizufügen.

7.3 Der zahlenmäßige Nachweis besteht für den Fall, dass der Zuwendungsempfänger nach Einnahmen und Ausgaben bucht, aus der Jahresrechnung. Diese muss alle Einnahmen und Ausgaben des abgelaufenen Haushaltsjahres in der Gliederung des Haushalts- oder Wirtschaftsplans enthalten sowie das Vermögen und die Schulden zu Beginn und Ende des Haushaltsjahres ausweisen. Bei kaufmännischer doppelter

Buchführung des Zuwendungsempfängers besteht der zahlenmäßige Nachweis aus dem Jahresabschluss (Bilanz, Gewinn- und Verlustrechnung, bei Kapitalgesellschaften auch Anhang und Lagebericht zum Jahresabschluss) sowie auf Verlangen der Bewilligungsbehörde einer Überleitungsrechnung auf Einnahmen und Ausgaben. In der Überleitungsrechnung sind die tatsächlichen Einnahmen und Ausgaben nach den Ansätzen des Haushalts- oder Wirtschaftsplans abzurechnen. Werden neben der institutionellen Förderung auch Zuwendungen zur Projektförderung bewilligt, so sind im zahlenmäßigen Nachweis die im abgelaufenen Haushaltsjahr gewährten Zuwendungen zur Projektförderung einzeln nachrichtlich anzugeben.

7.4 Im Verwendungsnachweis ist zu bestätigen, dass die Ausgaben notwendig waren, dass wirtschaftlich und sparsam verfahren worden ist und die Angaben mit den Büchern und Belegen übereinstimmen.

8. Prüfung der Verwendung

8.1 Die Bewilligungsbehörde ist berechtigt, Bücher, Belege und sonstige Geschäftsunterlagen anzufordern sowie die Verwendung der Zuwendung durch örtliche Erhebungen zu prüfen oder durch Beauftragte prüfen zu las-sen. Der Zuwendungsempfänger hat die erforderlichen Unterlagen bereitzuhalten und die notwendigen Auskünfte zu erteilen.

8.2 Unterhält der Zuwendungsempfänger eine eigene Prüfungseinrichtung, ist von dieser der Verwendungsnachweis vorher zu prüfen und die Prüfung unter Angabe ihres Ergebnisses zu bescheinigen.

8.3 Der Bundesrechnungshof ist berechtigt, bei dem Zuwendungsempfänger zu prüfen (§§ 91, 100 BHO).

9. Erstattung der Zuwendung, Verzinsung

9.1 Die Zuwendung ist zu erstatten, soweit ein Zuwendungsbescheid nach Verwaltungsverfahrensrecht (insbesondere §§ 48, 49 VwVfG) oder anderen Rechtsvorschriften mit Wirkung für die Vergangenheit zurückgenommen oder widerrufen oder sonst unwirksam wird.

9.2 Nr. 9.1 gilt insbesondere, wenn

9.2.1 die Zuwendung durch unrichtige oder unvollständige Angaben erwirkt worden ist,
9.2.2 die Zuwendung nicht oder nicht mehr für den vorgesehenen Zweck verwendet wird,
9.2.3 eine auflösende Bedingung eingetreten ist (z. B. nachträgliche Ermäßigung der Ausgaben oder Änderung der Finanzierung nach Nr. 2).

9.3 Ein Widerruf mit Wirkung für die Vergangenheit kann auch in Betracht kommen, soweit der Zuwendungsempfänger

9.3.1 die Zuwendung nicht alsbald nach der Auszahlung zur Erfüllung des Zuwendungs-zwecks verwendet oder
9.3.2 Auflagen nicht oder nicht innerhalb einer gesetzten Frist erfüllt, insbesondere den vorgeschriebenen Verwendungsnachweis nicht rechtzeitig vorlegt sowie Mitteilungspflichten (Nr. 5) nicht rechtzeitig nachkommt.

9.4 Der Erstattungsbetrag ist nach Maßgabe des § 49 a Abs. 3 VwVfG mit fünf Prozentpunkten über dem Basiszinssatz nach § 247 BGB jährlich zu verzinsen.

9.5 Werden Zuwendungen nicht alsbald nach der Auszahlung zur Erfüllung des Zuwendungs-zwecks verwendet und wird der Zuwendungsbescheid nicht zurückgenommen oder widerrufen, so können für die Zeit von der Auszahlung bis zur zweckentsprechenden Verwendung ebenfalls Zinsen in Höhe von fünf Pro-zentpunkten über dem Basiszinssatz nach § 247 BGB jährlich verlangt werden; entsprechendes gilt, soweit eine Leistung in Anspruch genommen wird, obwohl andere Mittel anteilig oder vorrangig einzusetzen sind (§ 49a Abs. 4 VwVfG). Eine alsbaldige Verwendung der Mittel liegt im Anforderungsverfahren jedenfalls nicht vor, wenn die Mittel nach Ablauf von mehr als sechs Wochen nach Auszahlung für fällige Zahlungen verbraucht werden.

Allgemeine Nebenbestimmungen für Zuwendungen zur Projektförderung

Stand: 01.01.2014

Die ANBest-P enthalten Nebenbestimmungen im Sinne des § 36 des Verwaltungsverfahrensgesetzes (VwVfG) sowie notwendige Erläuterungen. Die Nebenbestimmungen sind Bestandteil des Zuwendungsbescheides, soweit dort nicht ausdrücklich etwas anderes bestimmt ist.

Inhalt

Nr. 1 Anforderung und Verwendung der Zuwendung
Nr. 2 Nachträgliche Ermäßigung der Ausgaben oder Änderung der Finanzierung
Nr. 3 Vergabe von Aufträgen
Nr. 4 Zur Erfüllung des Zuwendungszwecks beschaffte Gegenstände
Nr. 5 Mitteilungspflichten des Zuwendungsempfängers
Nr. 6 Nachweis der Verwendung
Nr. 7 Prüfung der Verwendung
Nr. 8 Erstattung der Zuwendung, Verzinsung

1. Anforderung und Verwendung der Zuwendung

1.1 Die Zuwendung ist wirtschaftlich und sparsam zu verwenden.

1.2 Alle mit dem Zuwendungszweck zusammenhängenden Einnahmen (insbesondere Zuwendungen, Leistungen Dritter) und der Eigenanteil des Zuwendungsempfängers sind als Deckungsmittel für alle mit dem Zuwendungszweck zusammenhängenden Ausgaben einzusetzen. Der Finanzierungsplan ist hinsichtlich des Gesamtergebnisses verbindlich. Die Einzelansätze dürfen um bis zu 20 vom Hundert überschritten werden, soweit die Überschreitung durch entsprechende Einsparungen bei anderen Einzelansätzen ausgeglichen werden kann. Beruht die Überschreitung eines Einzelansatzes auf behördlichen Bedingungen oder Auflagen, insbesondere im Rahmen des baurechtlichen Verfahrens, sind innerhalb des Gesamtergebnisses des Finanzierungsplans auch weitergehende Abweichungen zulässig. Die Sätze 2 bis 4 finden bei Festbetragsfinanzierung keine Anwendung.

1.3 Dürfen aus der Zuwendung auch Personalausgaben oder sächliche Verwaltungsausgaben geleistet werden und werden die Gesamtausgaben des Zuwendungsempfängers überwiegend aus Zuwendungen der öffentlichen Hand bestritten, darf der Zuwendungsempfänger seine Beschäftigten nicht besserstellen als vergleichbare Bundesbedienstete. Höhere Entgelte als nach dem Tarifvertrag für den öffentlichen Dienst (TVÖD) sowie sonstige über- und außertarifliche Leistungen dürfen nicht gewährt werden.

1.4 Im Regelfall werden die Zuwendungen im Wege des Abrufverfahrens bereitgestellt. In diesen Fällen gelten die Regelungen der BNBest-Abruf.

Findet eine Teilnahme am Abrufverfahren nicht statt, werden die Zuwendungen wie folgt bereitgestellt: Die Zuwendung darf nur insoweit und nicht eher angefordert werden, als sie alsbald nach der Auszahlung für fällige Zahlungen benötigt wird. Die Anforderung jedes Teilbetrages muss die zur Beurteilung des Mittelbedarfs erforderlichen Angaben enthalten. Im Übrigen darf die Zuwendung wie folgt in Anspruch genommen werden:

1.4.1 bei Anteil- oder Festbetragsfinanzierung jeweils anteilig mit etwaigen Zuwendungen anderer Zuwendungsgeber und den vorgesehenen eigenen und sonstigen Mitteln des Zuwendungsempfängers,
1.4.2 bei Fehlbedarfsfinanzierung, wenn die vorgesehenen eigenen und sonstigen Mittel des Zuwendungsempfängers verbraucht sind. Wird ein zu deckender Fehlbedarf (Nr. 1.4.2) anteilig durch mehrere Zuwendungsgeberfinanziert, so darf die Zuwendung jeweils nur anteilig mit den Zuwendungen der anderen Zuwendungsgeber angefordert werden.

1.5 Zahlungen vor Empfang der Gegenleistung dürfen nur vereinbart oder bewirkt werden, soweit dies allgemein üblich oder durch besondere Umstände gerechtfertigt ist.

1.6 Die Bewilligungsbehörde behält sich vor, den Zuwendungsbescheid mit Wirkung für die Zukunft zu widerrufen, wenn sich herausstellt, dass der Zuwendungszweck nicht zu erreichen ist.

2. Nachträgliche Ermäßigung der Ausgaben oder Änderung der Finanzierung

2.1 Ermäßigen sich nach der Bewilligung die in dem Finanzierungsplan veranschlagten Gesamtausgaben für den Zuwendungszweck, erhöhen sich die Deckungsmittel

Allgemeine Nebenbestimmungen für Zuwendungen 145

oder treten neue Deckungsmittel (z. B. Investitionszulagen) hinzu, so ermäßigt sich die Zuwendung

2.1.1 bei Anteilfinanzierung anteilig mit etwaigen Zuwendungen anderer Zuwendungsgeber und den vorgesehenen eigenen und sonstigen Mitteln des Zuwendungsempfängers,
2.1.2 bei Fehlbedarfs- und Vollfinanzierung um den vollen in Betracht kommenden Betrag.

2.2 Nr. 2.1 gilt (ausgenommen bei Vollfinanzierung und bei wiederkehrender Förderung desselben Zuwendungszwecks) nur, wenn sich die Gesamtausgaben oder die Deckungsmittel insgesamt um mehr als 500 Euro ändern.

3. Vergabe von Aufträgen

3.1 Wenn die Zuwendung oder bei Finanzierung durch mehrere Stellen der Gesamtbetrag der Zuwendung mehr als 100 000 Euro beträgt, sind anzuwenden

- bei der Vergabe von Aufträgen für Bauleistungen der Abschnitt I des Teil A der Vergabe- und Vertragsordnung für Bauleistungen (VOB/A),
- bei der Vergabe von Aufträgen für Lieferungen und Dienstleistungen der Abschnitt 1 des Teils A der Vergabe- und Vertragsordnung für Leistungen (VOL/A).

3.2 Verpflichtungen des Zuwendungsempfängers als öffentlicher Auftraggeber gemäß § 98 des Gesetzes gegen Wettbewerbsbeschränkungen (GWB)

- auf Grund der Vergabeverordnung (VgV) den Abschnitt 2 des Teils A. der VOB (VOB/A -EG) bzw. den Abschnitt 2 des Teils A der VOL (VOL/A-EG) oder die Vergabeverordnung für freiberufliche Leistungen (VOF) anzuwenden oder
- die Sektorenverordnung (SektVO) oder die Vergabeverordnung Verteidigung und Sicherheit (VSVgV) anzuwenden oder
- andere Vergabebestimmungen einzuhalten,

bleiben unberührt.

4. Zur Erfüllung des Zuwendungszwecks beschaffte Gegenstände

4.1 Gegenstände, die zur Erfüllung des Zuwendungszwecks erworben oder hergestellt werden, sind für den Zuwendungszweck zu verwenden und sorgfältig zu behandeln. Der Zuwendungsempfänger darf über sie vor Ablauf der im Zuwendungsbescheid festgelegten zeitlichen Bindung nicht anderweitig verfügen.

4.2 Der Zuwendungsempfänger hat die zur Erfüllung des Zuwendungszwecks beschafften Gegenstände, deren Anschaffungs- oder Herstellungswert 410 Euro (ohne Umsatzsteuer) übersteigt, zu inventarisieren. Soweit aus besonderen Gründen der Bund Eigentümer ist oder wird, sind die Gegenstände in dem Inventar besonders zu kennzeichnen.

5. Mitteilungspflichten des Zuwendungsempfängers

Der Zuwendungsempfänger ist verpflichtet, unverzüglich der Bewilligungsbehörde anzuzeigen, wenn

5.1 er nach Vorlage des Finanzierungsplans – auch nach Vorlage des Verwendungsnachweises -weitere Zuwendungen für denselben Zweck bei anderen öffentlichen Stellen beantragt oder von ihnen erhält oder wenn er – ggf. weitere – Mittel von Dritten erhält,

5.2 der Verwendungszweck oder sonstige für die Bewilligung der Zuwendung maßgebliche Umstände sich ändern oder wegfallen,

5.3 sich herausstellt, dass der Zuwendungszweck nicht oder mit der bewilligten Zuwendung nicht zu erreichen ist,

5.4 die angeforderten oder ausgezahlten Beträge nicht alsbald nach der Auszahlung für fällige Zahlungen verbraucht werden können,

5.5 zu inventarisierende Gegenstände innerhalb der zeitlichen Bindung nicht mehr entsprechend dem Zuwendungszweck verwendet oder nicht mehr benötigt werden,

5.6 ein Insolvenzverfahren über sein Vermögen beantragt oder eröffnet wird.

6. Nachweis der Verwendung

6.1 Die Verwendung der Zuwendung ist innerhalb von sechs Monaten nach Erfüllung des Zuwendungszwecks, spätestens jedoch mit Ablauf des sechsten auf den Bewilligungszeitraum folgenden Monats der Bewilligungsbehörde nachzuweisen (Verwendungsnachweis). Ist der Zuwendungszweck nicht bis zum Ablauf des Haushaltsjahres erfüllt, ist innerhalb von vier Monaten nach Ablauf des Haushaltsjahres über die in diesem Jahr erhaltenen Beträge ein Zwischennachweis zu führen. Sachberichte als Teil eines Zwischennachweises gemäß Nr. 6.3 dürfen mit dem nächst fälligen Sachbericht verbunden werden, wenn der Berichtszeitraum für ein Haushaltsjahr drei Monate nicht überschreitet.

6.2 Der Verwendungsnachweis besteht aus einem Sachbericht und einem zahlenmäßigen Nachweis.

6.2.1 In dem Sachbericht sind die Verwendung der Zuwendung sowie das erzielte Ergebnis im Einzelnen darzustellen und den vorgegebenen Zielen gegenüberzustellen. Im Sachbericht ist auf die wichtigsten Positionen des zahlenmäßigen Nachweises einzugehen. Ferner ist die Notwendigkeit und Angemessenheit der geleisteten Arbeit zu erläutern.

6.2.2 In dem zahlenmäßigen Nachweis sind die Einnahmen und Ausgaben in zeitlicher Folge und voneinander getrennt entsprechend der Gliederung des Finanzierungsplans auszuweisen. Der Nachweis muss alle mit dem Zuwendungszweck zusammenhängenden Einnahmen (Zuwendungen, Leistungen Dritter, eigene Mittel) und Ausgaben enthalten. Dem Nachweis ist eine tabellarische Belegübersicht beizufügen, in der die Ausgaben nach Art und in zeitlicher Reihenfolge getrennt aufgelistet sind (Belegliste). Aus der Belegliste müssen Tag, Empfänger/ Einzahler sowie Grund und Einzelbetrag jeder Zahlung ersichtlich sein. Soweit der Zuwendungsempfänger die Möglichkeit zum Vorsteuerabzug nach § 15 des Umsatzsteuergesetzes hat, dürfen nur die Entgelte (Preise ohne Umsatzsteuer) berücksichtigt werden. Im Verwendungsnachweis ist zu bestätigen, dass die Ausgaben notwendig waren, dass wirtschaftlich und sparsam verfahren worden ist und die Angaben mit den Büchern und gegebenenfalls den Belegen übereinstimmen.

6.3 Der Zwischennachweis (Nr. 6.1 Satz 2) besteht aus dem Sachbericht und einem zahlenmäßigen Nachweis (ohne Belegliste nach Nr. 6.2.2 Satz 3), in dem Einnahmen und Ausgaben entsprechender Gliederung des Finanzierungsplans summarisch zusammenzustellen sind.

6.4 Die Belege müssen die im Geschäftsverkehr üblichen Angaben und Anlagen enthalten, die Ausgabebelege insbesondere den Zahlungsempfänger, Grund und Tag der Zahlung, den Zahlungsbeweis und bei Gegenständen den Verwendungszweck. Außerdem müssen die Belege ein eindeutiges Zuordnungsmerkmal zu dem Projekt (z. B. Projektnummer) enthalten.

6.5 Der Zuwendungsempfänger hat die Originalbelege (Einnahme- und Ausgabebelege) über die Einzelzahlungen und die Verträge über die Vergabe von Aufträgen sowie alle sonst mit der Förderung zusammenhängenden Unterlagen (vgl. Nr. 7.1 Satz 1) fünf Jahre nach Vorlage des Verwendungsnachweises aufzubewahren, sofern nicht nach steuerrechtlichen oder anderen Vorschriften eine längere Aufbewahrungsfrist bestimmt ist. Zur Aufbewahrung können auch Bilder und Datenträger verwendet werden. Das Aufnahme- und Wiedergabeverfahren muss den Grundsätzen ordnungsmäßiger Buchführung oder einer in der öffentlichen Verwaltung allgemein zugelassenen Regelung entsprechen.

6.6 Darf der Zuwendungsempfänger zur Erfüllung des Zuwendungszwecks Mittel an Dritte weiterleiten, sind die von den empfangenden Stellen ihm gegenüber zu erbringenden Verwendungs- und Zwischennachweise dem Verwendungs- oder Zwischennachweis nach Nr. 6.1 beizufügen.

7. Prüfung der Verwendung

7.1 Die Bewilligungsbehörde ist berechtigt, Bücher, Belege und sonstige Geschäftsunterlagen anzufordern sowie die Verwendung der Zuwendung durch örtliche Erhebungen zu prüfen oder durch Beauftragte prüfen zu lassen. Der Zuwendungsempfänger hat die erforderlichen Unterlagen bereitzuhalten und die notwendigen Auskünfte zu erteilen. In den Fällen der Nr. 6.6 sind diese Rechte der Bewilligungsbehörde auch dem Dritten gegenüber auszubedingen.

7.2 Unterhält der Zuwendungsempfänger eine eigene Prüfungseinrichtung, ist von dieser der Verwendungsnachweis vorher zu prüfen und die Prüfung unter Angabe ihres Ergebnisses zu bescheinigen.

7.3 Der Bundesrechnungshof ist berechtigt, bei den Zuwendungsempfängern zu prüfen (§§ 91, 100 BHO).

8. Erstattung der Zuwendung, Verzinsung

8.1 Die Zuwendung ist zu erstatten, soweit ein Zuwendungsbescheid nach Verwaltungsverfahrensrecht (insbesondere §§ 48, 49 VwVfG) oder anderen Rechtsvorschriften mit Wirkung für die Vergangenheit zurückgenommen oder widerrufen oder sonst unwirksam wird.

8.2 Nr. 8.1 gilt insbesondere, wenn

8.2.1 die Zuwendung durch unrichtige oder unvollständige Angaben erwirkt worden ist,
8.2.2 die Zuwendung nicht oder nicht mehr für den vorgesehenen Zweck verwendet wird,
8.2.3 eine auflösende Bedingung eingetreten ist (z. B. nachträgliche Ermäßigung der Ausgaben oder Änderung der Finanzierung nach Nr. 2).

8.3 Ein Widerruf mit Wirkung für die Vergangenheit kann auch in Betracht kommen, soweit der Zuwendungsempfänger

8.3.1 die Zuwendung nicht alsbald nach der Auszahlung zur Erfüllung des Zuwendungszwecks verwendet oder
8.3.2 Auflagen nicht oder nicht innerhalb einer gesetzten Frist erfüllt, insbesondere den vorgeschriebenen Verwendungsnachweis nicht rechtzeitig vorlegt sowie Mitteilungspflichten (Nr. 5) nicht rechtzeitig nachkommt.

8.4 Der Erstattungsbetrag ist nach Maßgabe des § 49a Abs. 3 VwVfG mit fünf Prozentpunkten über dem Basiszinssatz nach § 247 BGB jährlich zu verzinsen.

8.5 Werden Zuwendungen nicht alsbald nach der Auszahlung zur Erfüllung des Zuwendungszwecks verwendet und wird der Zuwendungsbescheid nicht zurückgenommen oder widerrufen, so können für die Zeit von der Auszahlung bis zur zweckentsprechenden Verwendung ebenfalls Zinsen in Höhe von fünf Prozentpunkten über dem Basiszinssatz nach § 247 BGB jährlich verlangt werden; entsprechendes gilt, soweit eine Leistung in Anspruch genommen wird, obwohl andere Mittel anteilig oder vorrangig einzusetzen sind (§ 49a Abs. 4 VwVfG). Eine alsbaldige Verwendung der Mittel liegt im Anforderungsverfahren jedenfalls nicht vor, wenn die Mittel nach Ablauf von mehr als sechs Wochen nach Auszahlung für fällige Zahlungen verbraucht werden.

Einkommensteuergesetz (EStG) § 10b
Steuerbegünstigte Zwecke

Stand: 01.01.2007

(1) [1]Zuwendungen (Spenden und Mitgliedsbeiträge) zur Förderung steuerbegünstigter Zwecke im Sinne der §§ 52 bis 54 der Abgabenordnung können insgesamt bis zu

1. 20 Prozent des Gesamtbetrags der Einkünfte oder
2. 4 Promille der Summe der gesamten Umsätze und der im Kalenderjahr aufgewendeten Löhne und Gehälter

als Sonderausgaben abgezogen werden. [2]Voraussetzung für den Abzug ist, dass diese Zuwendungen

1. an eine juristische Person des öffentlichen Rechts oder an eine öffentliche Dienststelle, die in einem Mitgliedstaat der Europäischen Union oder in einem Staat belegen ist, auf den das Abkommen über den Europäischen Wirtschaftsraum (EWR-Abkommen) Anwendung findet, oder
2. an eine nach § 5 Absatz 1 Nummer 9 des Körperschaftsteuergesetzes steuerbefreite Körperschaft, Personenvereinigung oder Vermögensmasse oder
3. an eine Körperschaft, Personenvereinigung oder Vermögensmasse, die in einem Mitgliedstaat der Europäischen Union oder in einem Staat belegen ist, auf den das Abkommen über den Europäischen Wirtschaftsraum (EWR-Abkommen) Anwendung findet, und die nach § 5 Absatz 1 Nummer 9 des Körperschaftsteuergesetzes in Verbindung mit § 5 Absatz 2 Nummer 2 zweiter Halbsatz des Körperschaftsteuergesetzes steuerbefreit wäre, wenn sie inländische Einkünfte erzielen würde,

geleistet werden. [3]Für nicht im Inland ansässige Zuwendungsempfänger nach Satz 2 ist weitere Voraussetzung, dass durch diese Staaten Amtshilfe und Unterstützung bei der Beitreibung geleistet werden. [4]Amtshilfe ist der Auskunftsaustausch im Sinne oder entsprechend der Amtshilferichtlinie gemäß § 2 Absatz 2 des EU-Amtshilfegesetzes. [5]Beitreibung ist die gegenseitige Unterstützung bei der Beitreibung von Forderungen im Sinne oder entsprechend der Beitreibungsrichtlinie einschließlich der in diesem Zusammenhang anzuwendenden Durchführungsbestimmungen in den für den jeweiligen Veranlagungszeitraum geltenden Fassungen oder eines entsprechenden Nachfolgerechtsaktes. [6]Werden die steuerbegünstigten Zwecke des Zuwendungsempfängers im Sinne von Satz 2 Nummer 1 nur im Ausland verwirklicht, ist für den Sonderausgabenabzug Voraussetzung, dass natürliche Personen, die ihren Wohnsitz oder ihren gewöhnlichen Aufenthalt im Geltungsbereich dieses Gesetzes haben, gefördert werden oder dass die Tätigkeit dieses Zuwendungsempfängers neben der Verwirklichung der steuerbegünstigten Zwecke auch zum Ansehen der Bundesrepublik Deutschland beitragen kann. [7]Abziehbar sind auch Mitgliedsbeiträge an Körperschaften, die Kunst und Kultur gemäß § 52 Absatz 2 Satz 1 Nummer 5 der Abgabenordnung fördern, soweit es sich nicht um Mitgliedsbeiträge nach Satz 8 Nummer 2 handelt, auch wenn den Mitgliedern Vergünstigungen gewährt werden. [8]Nicht abziehbar sind Mitgliedsbeiträge an Körperschaften, die

1. den Sport (§ 52 Absatz 2 Satz 1 Nummer 21 der Abgabenordnung),
2. kulturelle Betätigungen, die in erster Linie der Freizeitgestaltung dienen,
3. die Heimatpflege und Heimatkunde (§ 52 Absatz 2 Satz 1 Nummer 22 der Abgabenordnung) oder
4. Zwecke im Sinne des § 52 Absatz 2 Satz 1 Nummer 23 der Abgabenordnung

fördern. [9]Abziehbare Zuwendungen, die die Höchstbeträge nach Satz 1 überschreiten oder die den um die Beträge nach § 10 Absatz 3 und 4, § 10c und § 10d verminderten Gesamtbetrag der Einkünfte übersteigen, sind im Rahmen der Höchstbeträge in den folgenden Veranlagungszeiträumen als Sonderausgaben abzuziehen. [10]§ 10d Absatz 4 gilt entsprechend.

(1a) [1]Spenden zur Förderung steuerbegünstigter Zwecke im Sinne der §§ 52 bis 54 der Abgabenordnung in das zu erhaltende Vermögen (Vermögensstock) einer Stiftung, welche die Voraussetzungen des Absatzes 1 Satz 2 bis 6 erfüllt, können auf Antrag des Steuerpflichtigen im Veranlagungszeitraum der Zuwendung und in den folgenden neun Veranlagungszeiträumen bis zu einem Gesamtbetrag von 1 Million Euro, bei Ehegatten, die nach den §§ 26, 26b zusammen veranlagt werden, bis zu einem Gesamtbetrag von 2 Millionen Euro, zusätzlich zu den Höchstbeträgen nach Absatz 1 Satz 1 abgezogen werden. [2]Nicht abzugsfähig nach Satz 1 sind Spenden in das verbrauchbare Vermögen einer Stiftung. [3]Der besondere Abzugsbetrag nach Satz 1 bezieht sich auf den gesamten Zehnjahreszeitraum und kann der Höhe nach innerhalb dieses Zeitraums nur einmal in Anspruch genommen werden. [4]§ 10d Absatz 4 gilt entsprechend.

(2) [1]Zuwendungen an politische Parteien im Sinne des § 2 des Parteiengesetzes sind bis zur Höhe von insgesamt 1 650 Euro und im Fall der Zusammenveranlagung von Ehegatten bis zur Höhe von insgesamt 3 300 Euro im Kalenderjahr abzugsfähig.

²Sie können nur insoweit als Sonderausgaben abgezogen werden, als für sie nicht eine Steuerermäßigung nach § 34g gewährt worden ist.

(3) ¹Als Zuwendung im Sinne dieser Vorschrift gilt auch die Zuwendung von Wirtschaftsgütern mit Ausnahme von Nutzungen und Leistungen. ²Ist das Wirtschaftsgut unmittelbar vor seiner Zuwendung einem Betriebsvermögen entnommen worden, so bemisst sich die Zuwendungshöhe nach dem Wert, der bei der Entnahme angesetzt wurde und nach der Umsatzsteuer, die auf die Entnahme entfällt. ³Ansonsten bestimmt sich die Höhe der Zuwendung nach dem gemeinen Wert des zugewendeten Wirtschaftsguts, wenn dessen Veräußerung im Zeitpunkt der Zuwendung keinen Besteuerungstatbestand erfüllen würde. ⁴In allen übrigen Fällen dürfen bei der Ermittlung der Zuwendungshöhe die fortgeführten Anschaffungs- oder Herstellungskosten nur überschritten werden, soweit eine Gewinnrealisierung stattgefunden hat. ⁵Aufwendungen zugunsten einer Körperschaft, die zum Empfang steuerlich abziehbarer Zuwendungen berechtigt ist, können nur abgezogen werden, wenn ein Anspruch auf die Erstattung der Aufwendungen durch Vertrag oder Satzung eingeräumt und auf die Erstattung verzichtet worden ist. ⁶Der Anspruch darf nicht unter der Bedingung des Verzichts eingeräumt worden sein.

(4) ¹Der Steuerpflichtige darf auf die Richtigkeit der Bestätigung über Spenden und Mitgliedsbeiträge vertrauen, es sei denn, dass er die Bestätigung durch unlautere Mittel oder falsche Angaben erwirkt hat oder dass ihm die Unrichtigkeit der Bestätigung bekannt oder infolge grober Fahrlässigkeit nicht bekannt war. ²Wer vorsätzlich oder grob fahrlässig eine unrichtige Bestätigung ausstellt oder veranlasst, dass Zuwendungen nicht zu den in der Bestätigung angegebenen steuerbegünstigten Zwecken verwendet werden, haftet für die entgangene Steuer. ³Diese ist mit 30 Prozent des zugewendeten Betrags anzusetzen. ⁴In den Fällen des Satzes 2 zweite Alternative (Veranlasserhaftung) ist vorrangig der Zuwendungsempfänger in Anspruch zu nehmen; die in diesen Fällen für den Zuwendungsempfänger handelnden natürlichen Personen sind nur in Anspruch zu nehmen, wenn die entgangene Steuer nicht nach § 47 der Abgabenordnung erloschen ist und Vollstreckungsmaßnahmen gegen den Zuwendungsempfänger nicht erfolgreich sind. ⁵Die Festsetzungsfrist für Haftungsansprüche nach Satz 2 läuft nicht ab, solange die Festsetzungsfrist für von dem Empfänger der Zuwendung geschuldete Körperschaftsteuer für den Veranlagungszeitraum nicht abgelaufen ist, in dem die unrichtige Bestätigung ausgestellt worden ist oder veranlasst wurde, dass die Zuwendung nicht zu den in der Bestätigung angegebenen steuerbegünstigten Zwecken verwendet worden ist; § 191 Absatz 5 der Abgabenordnung ist nicht anzuwenden.

Auszug aus der Abgabenordnung (AO) §§ 51 – 55 i. d. Fassung des Ehrenamtsstärkungsgesetzes

Stand: 01.01.2009

§ 51 – Allgemeines

(1) Gewährt das Gesetz eine Steuervergünstigung, weil eine Körperschaft ausschließlich und unmittelbar gemeinnützige, mildtätige oder kirchliche Zwecke (steuerbegünstigte Zwecke) verfolgt, so gelten die folgenden Vorschriften. Unter Körperschaften sind die Körperschaften, Personenvereinigungen und Vermögensmassen im Sinne des Körperschaftsteuergesetzes zu verstehen. Funktionale Untergliederungen (Abteilungen) von Körperschaften gelten nicht als selbständige Steuersubjekte.

(2) Werden die steuerbegünstigten Zwecke im Ausland verwirklicht, setzt die Steuerbegünstigung voraus, dass natürliche Personen, die ihren Wohnsitz oder ihren gewöhnlichen Aufenthalt im Geltungsbereich dieses Gesetzes haben, gefördert werden oder die Tätigkeit der Körperschaft neben der Verwirklichung der steuerbegünstigten Zwecke auch zum Ansehen der Bundesrepublik Deutschland im Ausland beitragen kann.

(3) Eine Steuervergünstigung setzt zudem voraus, dass die Körperschaft nach ihrer Satzung und bei ihrer tatsächlichen Geschäftsführung keine Bestrebungen im Sinne des § 4 des Bundesverfassungsschutzgesetzes fördert und dem Gedanken der Völkerverständigung nicht zuwiderhandelt. Bei Körperschaften, die im Verfassungsschutzbericht des Bundes oder eines Landes als extremistische Organisation aufgeführt sind, ist widerlegbar davon auszugehen, dass die Voraussetzungen des Satzes 1 nicht erfüllt sind. Die Finanzbehörde teilt Tatsachen, die den Verdacht von Bestrebungen im Sinne des § 4 des Bundesverfassungsschutzgesetzes oder des Zuwiderhandelns gegen den Gedanken der Völkerverständigung begründen, der Verfassungsschutzbehörde mit.

§ 51 – Allgemeines – in der bis 31.12.2008 gültigen Fassung
Gewährt das Gesetz eine Steuervergünstigung, weil eine Körperschaft ausschließlich und unmittelbar gemeinnützige, mildtätige oder kirchliche Zwecke (steuerbegünstigte Zwecke) verfolgt, so gelten die folgenden Vorschriften. Unter Körperschaften sind die Körperschaften, Personenvereinigungen und Vermögensmassen im Sinne des Kör-

perschaftsteuergesetzes zu verstehen. Funktionale Untergliederungen (Abteilungen) von Körperschaften gelten nicht als selbständige Steuersubjekte.

§ 52 – Gemeinnützige Zwecke

(1) Eine Körperschaft verfolgt gemeinnützige Zwecke, wenn ihre Tätigkeit darauf gerichtet ist, die Allgemeinheit auf materiellem, geistigem oder sittlichem Gebiet selbstlos zu fördern. Eine Förderung der Allgemeinheit ist nicht gegeben, wenn der Kreis der Personen, dem die Förderung zugute kommt, fest abgeschlossen ist, zum Beispiel Zugehörigkeit zu einer Familie oder zur Belegschaft eines Unternehmens, oder infolge seiner Abgrenzung, insbesondere nach räumlichen oder beruflichen Merkmalen, dauernd nur klein sein kann. Eine Förderung der Allgemeinheit liegt nicht allein deswegen vor, weil eine Körperschaft ihre Mittel einer Körperschaft des öffentlichen Rechts zuführt.

(2)

Rechtslage ab 1.1.2007
Unter den Voraussetzungen des Absatzes 1 sind als Förderung der Allgemeinheit anzuerkennen:
1. die Förderung von Wissenschaft und Forschung;
2. die Förderung der Religion;
3. die Förderung des öffentlichen Gesundheitswesens und der öffentlichen Gesundheitspflege, insbesondere die Verhütung und Bekämpfung von übertragbaren Krankheiten, auch durch Krankenhäuser im Sinne des § 67, und von Tierseuchen;
4. die Förderung der Jugend- und Altenhilfe;
5. die Förderung von Kunst und Kultur;
6. die Förderung des Denkmalschutzes und der Denkmalpflege;
7. die Förderung der Erziehung, Volks- und Berufsbildung einschließlich der Studentenhilfe;
8. die Förderung des Naturschutzes und der Landschaftspflege im Sinne des Bundesnaturschutzgesetzes und der Naturschutzgesetze der Länder, des Umweltschutzes, des Küstenschutzes und des Hochwasserschutzes;
9. die Förderung des Wohlfahrtswesens, insbesondere der Zwecke der amtlich anerkannten Verbände der freien Wohlfahrtspflege (§ 23 der Umsatzsteuer-

Rechtslage bis 31.12.2006
Unter den Voraussetzungen des Absatzes 1 sind als Förderung der Allgemeinheit anzuerkennen insbesondere:
1. die Förderung von Wissenschaft und Forschung, Bildung und Erziehung, Kunst und Kultur, der Religion, der Völkerverständigung, der Entwicklungshilfe, des Umwelt-, Landschafts- und Denkmalschutzes, des Heimatgedankens,
2. die Förderung der Jugendhilfe, der Altenhilfe, des öffentlichen Gesundheitswesens, des Wohlfahrtswesens und des Sports. Schach gilt als Sport.
3. die allgemeine Förderung des demokratischen Staatswesens im Geltungsbereich dieses Gesetzes; hierzu gehören nicht Bestrebungen, die nur bestimmte Einzelinteressen staatsbürgerlicher Art verfolgen oder die auf den kommunalpolitischen Bereich beschränkt sind,
4. die Förderung der Tierzucht, der Pflanzenzucht, der Kleingärtnerei, des traditionellen Brauchtums einschließlich des Karnevals, der Fastnacht und des Faschings, der Soldaten- und Reservistenbetreuung, des Amateurfunkens, des Modellflugs und des Hundesports.

Durchführungsverordnung), ihrer Unterverbände und ihrer angeschlossenen Einrichtungen und Anstalten;
10. die Förderung der Hilfe für politische, rassisch oder religiös Verfolgte, für Flüchtlinge, Vertriebene, Aussiedler, Spätaussiedler, Kriegsopfer, Kriegshinterbliebene, Kriegsbeschädigte und Kriegsgefangene, Zivilbeschädigte und Behinderte sowie Hilfe für Opfer von Straftaten; Förderung des Andenkens an Verfolgte, Kriegs- und Katastrophenopfer; Förderung des Suchdienstes für Vermisste;
11. die Förderung der Rettung aus Lebensgefahr;
12. die Förderung des Feuer-, Arbeits-, Katastrophen- und Zivilschutzes sowie der Unfallverhütung;
13. die Förderung internationaler Gesinnung, der Toleranz auf allen Gebieten der Kultur und des Völkerverständigungsgedankens;
14. die Förderung des Tierschutzes;
15. die Förderung der Entwicklungszusammenarbeit;
16. die Förderung von Verbraucherberatung und Verbraucherschutz;
17. die Förderung der Fürsorge für Strafgefangene und ehemalige Strafgefangene;
18. die Förderung der Gleichberechtigung von Frauen und Männern;
19. die Förderung des Schutzes von Ehe und Familie;
20. die Förderung der Kriminalprävention;
21. die Förderung des Sports (Schach gilt als Sport);
22. die Förderung der Heimatpflege und Heimatkunde;
23. die Förderung der Tierzucht, der Pflanzenzucht, der Kleingärtnerei, des traditionellen Brauchtums einschließlich des Karnevals, der Fastnacht und des Faschings, der Soldaten- und Reservistenbetreuung, des Amateurfunkens, des Modellflugs und des Hundesports;
24. die allgemeine Förderung des demokratischen Staatswesens im Geltungsbereich dieses Gesetzes; hierzu gehören nicht Bestrebungen, die nur bestimmte Einzelinteressen staatsbürgerlicher Art verfolgen
25.

oder die auf den kommunalpolitischen Bereich beschränkt sind;
25. die Förderung des bürgerschaftlichen Engagements zugunsten gemeinnütziger, mildtätiger und kirchlicher Zwecke.

Sofern der von der Körperschaft verfolgte Zweck nicht unter Satz 1 fällt, aber die Allgemeinheit auf materiellem, geistigem oder sittlichem Gebiet entsprechend selbstlos gefördert wird, kann dieser Zweck für gemeinnützig erklärt werden. Die obersten Finanzbehörden der Länder haben jeweils eine Finanzbehörde im Sinne des Finanzverwaltungsgesetzes zu bestimmen, die für Entscheidungen nach Satz 2 zuständig ist.

§ 53 – Mildtätige Zwecke

Eine Körperschaft verfolgt mildtätige Zwecke, wenn ihre Tätigkeit darauf gerichtet ist, Personen selbstlos zu unterstützen,

1. die infolge ihres körperlichen, geistigen oder seelischen Zustandes auf die Hilfe anderer angewiesen sind oder
2. deren Bezüge nicht höher sind als das Vierfache des Regelsatzes der Sozialhilfe im Sinne des § 22 des Bundessozialhilfegesetzes; beim Alleinstehenden oder Haushaltsvorstand tritt an die Stelle des Vierfachen das Fünffache des Regelsatzes. Dies gilt nicht für Personen, deren Vermögen zur nachhaltigen Verbesserung ihres Unterhalts ausreicht und denen zugemutet werden kann, es dafür zu verwenden. Bei Personen, deren wirtschaftliche Lage aus besonderen Gründen zu einer Notlage geworden ist, dürfen die Bezüge oder das Vermögen die genannten Grenzen übersteigen. Bezüge im Sinne dieser Vorschrift sind
   a. Einkünfte im Sinne des § 2 Abs. 1 des Einkommensteuergesetzes und
   b. andere zur Bestreitung des Unterhalts bestimmte oder geeignete Bezüge, die der Alleinstehende oder der Haushaltsvorstand und die sonstigen Haushaltsangehörigen haben. Zu berücksichtigen sind auch gezahlte und empfangene Unterhaltsleistungen. Die wirtschaftliche Hilfebedürftigkeit im vorstehenden Sinne ist bei Empfängern von Leistungen nach dem Zweiten oder Zwölften Buch Sozialgesetzbuch, des Wohngeldgesetzes, bei Empfängern von Leistungen nach § 27a des Bundesversorgungsgesetzes oder nach § 6a des Bundeskindergeldgesetzes als nachgewiesen anzusehen. Die Körperschaft kann den Nachweis mit Hilfe des jeweiligen Leistungsbescheides, der für den

Unterstützungszeitraum maßgeblich ist, oder mit Hilfe der Bestätigung des Sozialleistungsträgers führen. Auf Antrag der Körperschaft kann auf einen Nachweis der wirtschaftlichen Hilfebedürftigkeit verzichtet werden, wenn auf Grund der besonderen Art der gewährten Unterstützungsleistung sichergestellt ist, dass nur wirtschaftlich hilfebedürftige Personen im vorstehenden Sinne unterstützt werden; für den Bescheid über Nachweisverzicht gilt § 60a Absatz 3 bis 5 entsprechend.

§ 54 – Kirchliche Zwecke

(1) Eine Körperschaft verfolgt kirchliche Zwecke, wenn ihre Tätigkeit darauf gerichtet ist, eine Religionsgemeinschaft, die Körperschaft des öffentlichen Rechts ist, selbstlos zu fördern.

(2) Zu diesen Zwecken gehören insbesondere die Errichtung, Ausschmückung und Unterhaltung von Gotteshäusern und kirchlichen Gemeindehäusern, die Abhaltung von Gottesdiensten, die Ausbildung von Geistlichen, die Erteilung von Religionsunterricht, die Beerdigung und die Pflege des Andenkens der Toten, ferner die Verwaltung des Kirchenvermögens, die Besoldung der Geistlichen, Kirchenbeamten und Kirchendiener, die Alters- und Behindertenversorgung für diese Personen und die Versorgung ihrer Witwen und Waisen.

§ 55 – Selbstlosigkeit

(1) Eine Förderung oder Unterstützung geschieht selbstlos, wenn dadurch nicht in erster Linie eigenwirtschaftliche Zwecke – zum Beispiel gewerbliche Zwecke oder sonstige Erwerbszwecke – verfolgt werden und wenn die folgenden Voraussetzungen gegeben sind:

3. Mittel der Körperschaft dürfen nur für die satzungsmäßigen Zwecke verwendet werden. Die Mitglieder oder Gesellschafter (Mitglieder im Sinne dieser Vorschriften) dürfen keine Gewinnanteile und in ihrer Eigenschaft als Mitglieder auch keine sonstigen Zuwendungen aus Mitteln der Körperschaft erhalten. Die Körperschaft darf ihre Mittel weder für die unmittelbare noch für die mittelbare Unterstützung oder Förderung politischer Parteien verwenden.
4. Die Mitglieder dürfen bei ihrem Ausscheiden oder bei Auflösung oder Aufhebung der Körperschaft nicht mehr als ihre eingezahlten Kapitalanteile und den gemeinen Wert ihrer geleisteten Sacheinlagen zurückerhalten.
5. Die Körperschaft darf keine Person durch Ausgaben, die dem Zweck der Körperschaft fremd sind, oder durch unverhältnismäßig hohe Vergütungen begünstigen.

6. Bei Auflösung oder Aufhebung der Körperschaft oder bei Wegfall ihres bisherigen Zwecks darf das Vermögen der Körperschaft, soweit es die eingezahlten Kapitalanteile der Mitglieder und den gemeinen Wert der von den Mitgliedern geleisteten Sacheinlagen übersteigt, nur für steuerbegünstigte Zwecke verwendet werden (Grundsatz der Vermögensbindung). Diese Voraussetzung ist auch erfüllt, wenn das Vermögen einer anderen steuerbegünstigten Körperschaft oder einer Körperschaft des öffentlichen Rechts für steuerbegünstigte Zwecke übertragen werden soll.
7. Die Körperschaft muss ihre Mittel vorbehaltlich des § 62 grundsätzlich zeitnah für ihre steuerbegünstigten satzungsmäßigen Zwecke verwenden. Verwendung in diesem Sinne ist auch die Verwendung der Mittel für die Anschaffung oder Herstellung von Vermögensgegenständen, die satzungsmäßigen Zwecken dienen. Eine zeitnahe Mittelverwendung ist gegeben, wenn die Mittel spätestens in den auf den Zufluss folgenden zwei Kalender- oder Wirtschaftsjahren für die steuerbegünstigten satzungsmäßigen Zwecke verwendet werden.

(gültige Fassung bis 31.12.2012: Eine zeitnahe Mittelverwendung ist gegeben, wenn die Mittel spätestens in dem auf den Zufluss folgenden Kalender- oder Wirtschaftsjahr für die steuerbegünstigten satzungsmäßigen Zwecke verwendet werden.)

(2) Bei der Ermittlung des gemeinen Werts (Absatz 1 Nr. 2 und 4) kommt es auf die Verhältnisse zu dem Zeitpunkt an, in dem die Sacheinlagen geleistet worden sind.

(3) Die Vorschriften, die die Mitglieder der Körperschaft betreffen (Absatz 1 Nr. 1, 2 und 4), gelten bei Stiftungen für die Stifter und ihre Erben, bei Betrieben gewerblicher Art von Körperschaften des öffentlichen Rechts für die Körperschaft sinngemäß, jedoch mit der Maßgabe, dass bei Wirtschaftsgütern, die nach § 6 Abs. 1 Nr. 4 Satz 4 und 5 des Einkommensteuergesetzes aus einem Betriebsvermögen zum Buchwert entnommen worden sind, an die Stelle des gemeinen Werts der Buchwert der Entnahme tritt.

Über den Autor

Prof. Dr. phil. Ludger Kolhoff, Jahrgang 1957, studierte Pädagogik, Elektrotechnik und Politikwissenschaft in Berlin, (Erstes Technisch-Wissenschaftliches Staatsexamen, Magisterexamen, Promotion zum Dr. phil.).
Von 1979–1984 war er Geschäftsführer und Sonderbeauftragter für Selbsthilfeprojekte des „Martinswerk e.V." (Mitglied des Diakonischen Werkes) in Berlin. Nach dem Studienreferendariat (Zweites Technisch-Wissenschaftliches Staatsexamen) arbeitete er in Berlin von 1986–1993 als Studienrat an einer Berufsschule mit sonderpädagogischen Aufgaben und war parallel von 1983–1993 Aufsichtsrats- und Fachbeiratsvorsitzender des Sanierungstreuhand- und Beschäftigungsträgers „Stattbau Stadtentwicklungs GmbH" und von 1991 bis 1993 Gründungsgeschäftsführer der „Perspektive, Gesellschaft für Bauberatung und Betreuung mbH", einer Tochtergesellschaft des Paritätischen Wohlfahrtsverbandes (Landesverband Berlin) und der Stattbau GmbH.

Seit 1993 ist er Professor an der Fakultät Soziale Arbeit der Hochschule Braunschweig-Wolfenbüttel (Ostfalia) und vertritt das Lehrgebiet Soziales Management mit den Aufgabenschwerpunkten: Organisation/Organisationsentwicklung/Projektmanagement, Finanzierung, Personalmanagement und Existenzgründung.

Seit 2001 leitet er den Masterstudiengang Sozialmanagement.

Er ist Mitherausgeber der Schriftenreihen „Basiswissen Sozialwirtschaft und Sozialmanagement" und „Perspektiven Sozialwirtschaft und Sozialmanagement" bei Springer VS und Vorsitzender der Bundesarbeitsgemeinschaft Sozialmanagement/ Sozialwirtschaft an Hochschulen (BAG SMW) e. V.

Prof. Dr. Ludger Kolhoff, Leiter des Masterstudiengangs Sozialmanagement, Ostfalia-Hochschule für angewandte Wissenschaften – Hochschule Braunschweig/ Wolfenbüttel, Salzdahlumer Str. 46/48, 38302 Wolfenbüttel (L.Kolhoff@Ostfalia.de).

Printed in Germany
by Amazon Distribution
GmbH, Leipzig